KB261400

다문화 여성을 위한

한국어 문법 연습 1

원은영·이경아 지음

Hawoo Publishing Inc.

원은영

전 이화여자대학교 언어교육원 강사
전 한양대학교 국제교육원 강사
현 서울교육대학교 다문화교육연구원 강사

「Exciting Korean」(beginning), 공저
「아름다운 한국어 첫걸음, 한글 자음 모음 배우기」, 공저
「아름다운 한국어(Beautiful Korean)1 교재, 워크북」, 공저
「아름다운 한국어(Beautiful Korean)2 교재, 워크북」, 공저
「아름다운 한국어(Beautiful Korean)3-1 교재, 워크북」, 공저
「아름다운 한국어(Beautiful Korean)4 교재, 워크북」, 공저
「EKOドラマ 韓國語シリーズ ① 「新入社員」, 공저

이경아

전 이화여자대학교 언어교육원 강사
현 중앙대학교 사회교육처 언어교육원 강사

「Exciting Korean」(beginning), 공저
「아름다운 한국어(Beautiful Korean)2 교재, 워크북」, 공저
「EKOドラマ 韓國語シリーズ ① 「新入社員」, 공저
「Korean Grammar in use, Beginning to Early Intermediate」, 공저
「알기 쉽고 재미있는 중앙한국어 1 교재, 워크북」, 공저
「알기 쉽고 재미있는 중앙한국어 2 교재, 워크북」, 공저
「알기 쉽고 재미있는 중앙한국어 3 교재, 워크북」, 공저
「알기 쉽고 재미있는 중앙한국어 4 교재, 워크북」, 공저

다문화 여성을 위한 한국어 문법 연습 1

초판 1쇄 발행 2017년 2월 28일
지은이 원은영·이경아
펴낸이 박민우
기획팀 송인성, 김선명, 박종인
편집팀 박우진, 김영주, 김정아, 최미라
관리팀 임선희, 정철호, 김성언, 권주련
펴낸곳 (주)도서출판 하우

주소 서울시 중랑구 망우로68길 48
전화 (02)922-7090
팩스 (02)922-7092
홈페이지 http://www.hawoo.co.kr
e-mail hawoo@hawoo.co.kr
등록번호 제475호

값 7,000원
ISBN 979-11-86610-81-7 13710

머리말

　　현재 우리나라에는 305,446명의 다문화 여성이 있다고 합니다(2015년 1월 통계, 다누리 참조). 고향을 떠나 한국에서 새 삶을 시작한 결혼 이민자들은 다문화가족지원센터의 '한국어 집합 수업'이나 '방문교육'에 참여해서 한국어를 배우는 경우도 있고 아니면 특별한 배움의 기회 없이 그냥 가정에서 스스로 한국어를 익히는 경우도 있습니다. 그런데 한국어로 소통하는 것에 먼저 익숙해질 수밖에 없는 환경으로 인해 오히려 정확한 한국어 습득의 기회를 놓치거나 잘못된 말하기가 고착화되는 경우가 있습니다. 의사소통은 되는 것 같은데 정확한 문장 말하기는 할 수 없다든지, 듣기 능력에 비해 말하기 능력이 현저히 떨어진다든지, 고급반 수업에 와서도 동사 불규칙활용 등의 기본 문법을 몰라 올바른 쓰기가 안 된다든지 하는 문제가 생기기도 합니다.

　　『다문화 여성을 위한 한국어 문법 연습』 시리즈는 의사소통 능력과 무관하게 문법의 기초가 부족해 곤란을 겪는 다문화 여성 학습자들에게 실제적 도움을 주고자 하는 마음에서 출발했습니다. 아울러 현장에서 애쓰는 교사들에게 미약하게나마 힘을 보태고자 하는 마음도 이 책의 집필 동기입니다. 통상 다문화가족지원센터에 개설된 한국어 수업은 단계별 100시간의 시수와 20명 내외의 학생으로 이뤄지는 탓에 연습시간이 부족한 실정입니다. 게다가 문법 지도는 전적으로 교사 개인의 역량에 좌우되는 현실이며 학습자들의 습득 여부를 확인하고 이를 일일이 교정해 줄 수 있는 워크북도 없습니다. 학습자들이 비문을 말하며 의사소통을 하는 것을 보면 담당 교사 누구라도 안타까움을 느끼면서 수업 시수의 부족을 보완해 줄 수 있는 양질의 보조 자료와 개별적 오류 수정이 가능한 워크북의 필요성을 절감할 것입니다.

　　이 같은 필요에 따라 『다문화 여성을 위한 한국어 문법 연습1』은 1단계의 주요 문법을 단순 문제에서 복합문제까지 단계적으로 제시해 교사가 문법을 지도할 때 효율적으로 활용할 수 있도록 했고 종합 문제도 수록해서 문법의 확장 연습이 가능하도록 했습니다. 또한 워크북으로써의 편의성을 높이기 위해 매 과를 한 장씩 절단해서 제출할 수 있도록 했습니다. 학습자의 경우에는 수업 참여 여부와 관계없이 문제를 풀어나가는 과정을 통해 문법의 의미와 기능을 익히고 동사 활용 등의 규칙에 익숙해져서 정확한 문장 구성 능력을 스스로 터득할 수 있도록 했습니다. 또한 생소한 언어를 배우는 1단계라는 점과 살림과 공부를 병행해야 하는 학습자들의 상황을 고려해 새 어휘를 제시하기보다는 학습한 어휘를 가지고 목표 문법을 써서 유의미한 맥락 안에서 정확한 한국어 능력을 함양할 수 있도록 했습니다.

　　부디 이 책을 통해 교사들은 연습문제를 만들고, 복사를 하는 등의 수업 준비 부담을 줄이고 다양한 방식으로 문법 지도를 할 수 있기를 바라며, 학습자들은 문법을 체계적으로 습득하고 정확한 한국어를 구사할 수 있기를 기대합니다.

　　끝으로 흔쾌히 출판을 허락해 주신 하우출판사 박민우 사장님과 예쁘게 책을 만들어 주신 편집진과 삽화가님께 진심으로 감사드립니다.

2017년 2월
저자 일동

┃내용 구성표

다문화 여성들이 한국어 수업 1단계에서 필수적으로 배우는 문법을 중심으로 선정하였다.

목표 문법과 결합할 수 있는 품사를 제시하고, 자음과 모음의 경우 결합 형태의 예를 대표적으로 보여 주었다.

제시된 그림을 보고 목표 문법의 의미를 추측할 수 있는 단순 문제이다. 초급 학습자를 고려하여 상황 그림을 제시, 흥미를 가지고 문법을 연습할 수 있도록 했다. 또한 정답을 하나 제시하여 학습자들이 문법에 쉽게 접근할 수 있게 했다.

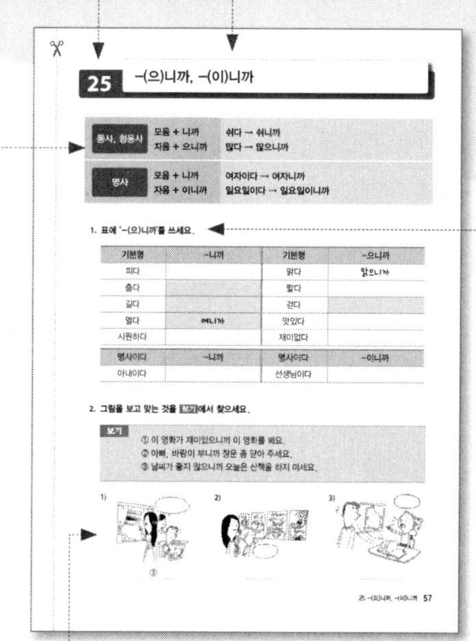

문법을 '난이도 순'이 아닌 '가 나다 순'으로 배치하여, 학습자들이 그때그때 필요한 문법을 사전처럼 찾아서 학습할 수 있도록 했다.

실제 대화에서 학습자들이 사용하는 어휘 중 오류가 많은 동사, 형용사의 규칙, 불규칙 활용을 연습할 수 있도록 했다. 또한 불규칙 활용 칸에는 색을 넣어 불규칙을 의식하고 활용하게 했으며, 이런 반복적인 연습을 통해 불규칙활용이 익숙해지도록 했다.

다양한 형태의 문제 유형을 단계적으로 제시하여 학습자들이 지루해하지 않으면서 목표 문법을 완전히 이해하고 풀 수 있도록 했다.

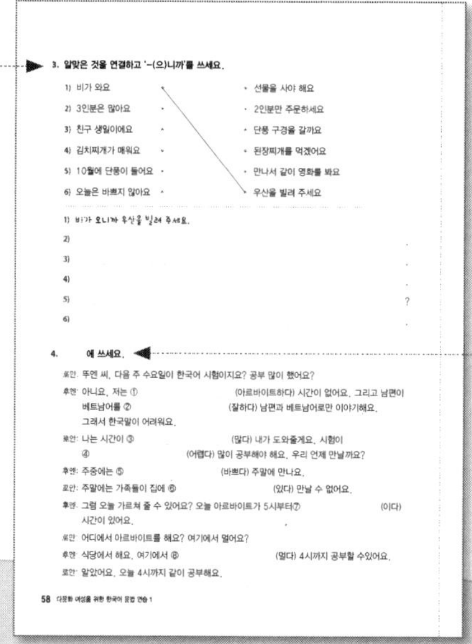

배운 문법을 문맥이나 담화 속에서 확인해 보는 단계이다.

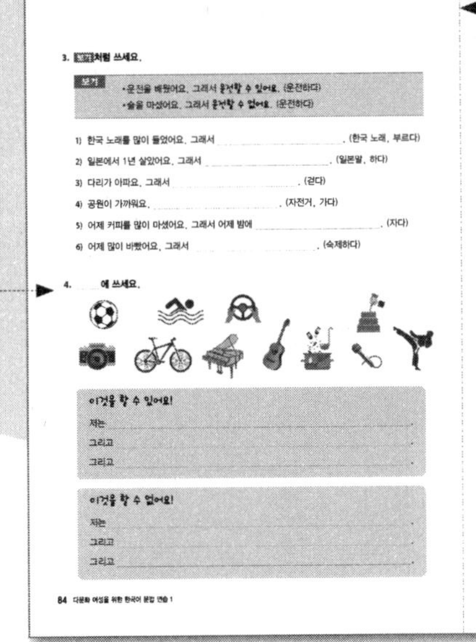

등장인물 소개

로안
베트남, 29세
가정주부

김규진
한국, 35세
로안의 남편, 회사원

김지우
초등학생, 9살
로안과 김규진의 아들

김지수
유치원생, 7살
로안과 김규진의 딸

카즈미

조연

푸잉

후엔

수지

선생님

| 목차

01 −겠−

동사 + 겠

| 동사 | + 겠 | 가다 → 가겠어요, 먹다 → 먹겠어요 |

1. 표에 '−겠'을 쓰세요.

기본형	−겠어요	−지 않겠어요
자다	자겠어요	
쉬다		
만나다		
읽다		읽지 않겠어요
씻다		
만들다		
청소하다		

2. 그림을 보고 보기 에서 맞는 것을 찾으세요.

> 보기
> ① 이 차를 사겠어요.
> ② 커피를 마시겠어요.
> ③ 올해는 결혼하겠어요.
> ④ 아이스크림을 먹지 않겠어요.

1) 

______①______

2) 

____

3) 

____

4) 

____

3. _______에 쓰세요.

1월	운동	7월	
2월		8월	
3월	한국어	9월	
4월		10월	
5월		11월	
6월	여행	12월	고향

4. 보기 처럼 쓰세요.

보기

가: 누가 청소를 하겠어요?

나: _____**제가 하겠어요.**_____ (저, 하다)

1) 가: 주말에 무엇을 하겠어요?

나: _______________________________________. (영화, 보다)

2) 가: 어서 오세요. 무엇을 드시겠어요?

나: _______________________________________. (불고기, 먹다)

3) 가: 내년에 무엇을 하겠어요?

나: _______________________________________. (집, 사다)

4) 가: 내일 고향에 가요? 고향에서 무엇을 하겠어요?

나: _______________________________________. (친구, 만나다)

5) 가: 커피를 마시겠어요?

나: 아니요, _______________________________. (마시지 않다)

02 −고(순차)

| 동사 | + 고 | 보다 → 보고, 먹다 → 먹고 |

1. 보기 처럼 쓰세요.

> **보기**
> 숙제를 하다, 텔레비전을 보다 → 숙제를 하고 텔레비전을 봐요.

1) 청소하다, 쉬다　　　　　→ ＿＿＿＿＿＿＿＿＿＿＿＿＿＿＿＿ .

2) 밥을 먹다, 이를 닦다　　→ ＿＿＿＿＿＿＿＿＿＿＿＿＿＿＿＿ .

3) 친구 집에 전화하다, 가다 → ＿＿＿＿＿＿＿＿＿＿＿＿＿＿＿＿ .

2. 그림을 보고 ＿＿＿＿에 쓰세요.

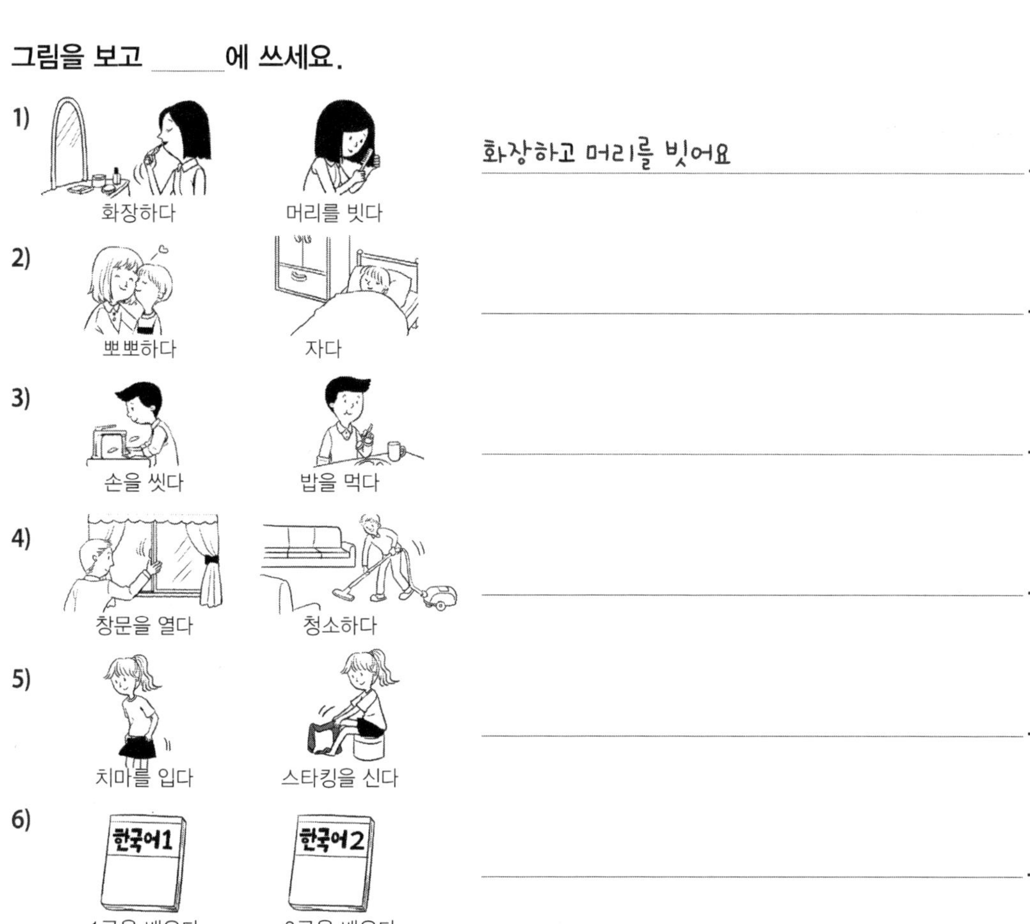

1) 화장하고 머리를 빗어요 ＿＿＿＿＿＿＿＿＿＿＿ .

2) ＿＿＿＿＿＿＿＿＿＿＿＿＿＿＿＿＿＿＿ .

3) ＿＿＿＿＿＿＿＿＿＿＿＿＿＿＿＿＿＿＿ .

4) ＿＿＿＿＿＿＿＿＿＿＿＿＿＿＿＿＿＿＿ .

5) ＿＿＿＿＿＿＿＿＿＿＿＿＿＿＿＿＿＿＿ .

6) ＿＿＿＿＿＿＿＿＿＿＿＿＿＿＿＿＿＿＿ .

3. 카즈미 씨의 하루입니다. _______에 쓰세요.

카즈미 씨는 아침 8시에 일어나서 아침을 먹었습니다. 아침을 먹고 문화센터에 갔습니다.

문화센터에 가서 한국어를 공부했습니다. 한국어가 어렵지만 재미있습니다. 수업이

①_____________________ 식당에서 친구들과 점심을 먹었습니다. 한국 음식이

맛있었습니다. 점심을 ②_____________________ 커피도 마셨습니다. 친구들과 이야기도

많이 했습니다. 오후에 카즈미 씨는 공원에 갔습니다. 공원에서 산책을 했습니다.

③_____________________ 집에 왔습니다 집에 와서 샤워를 했습니다.

④_____________________ 한국어 숙제를 했습니다. 카즈미 씨는 ⑤_____________________

잤습니다.

4. 어제 뭐 했어요? '–고'를 사용해서 쓰세요.

나는 아침에
____

____

____

____

집에 와서
____

____

____

____

| 동사, 형용사 | 모음 + 고
자음 + 고 | 보다 → 보고　예쁘다 → 예쁘고
먹다 → 먹고　작다 → 작고 |
| 명사 | 모음 + 고/이고
자음 + 이고 | 어머니이다 → 어머니고/어머니이고
학생이다 → 학생이고 |

1. 보기 처럼 ______에 쓰세요.

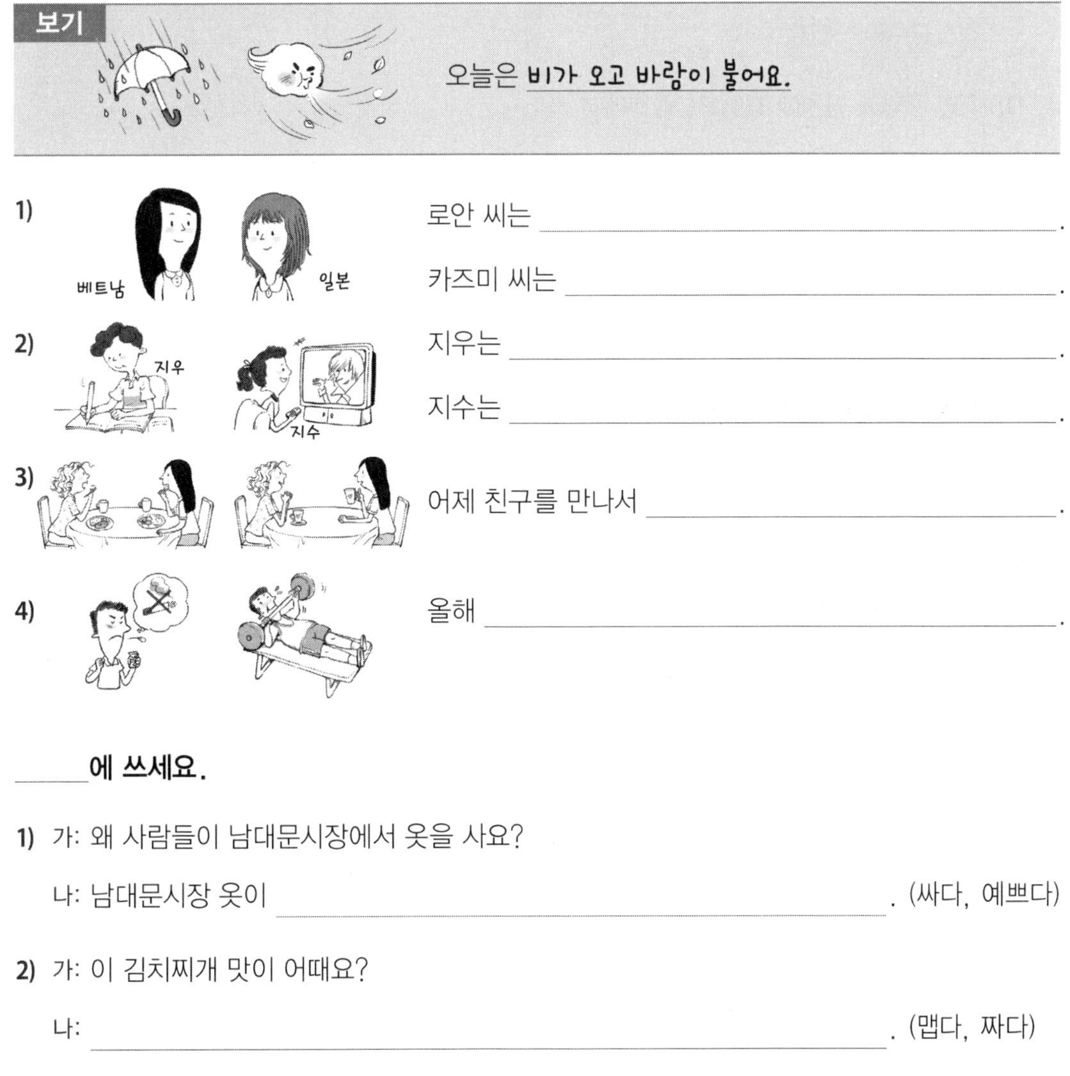

보기: 오늘은 비가 오고 바람이 불어요.

1) 로안 씨는 ____________________________.

　 카즈미 씨는 ____________________________.

2) 지우는 ____________________________.

　 지수는 ____________________________.

3) 어제 친구를 만나서 ____________________________.

4) 올해 ____________________________.

2. ______에 쓰세요.

1) 가: 왜 사람들이 남대문시장에서 옷을 사요?

　 나: 남대문시장 옷이 ____________________________. (싸다, 예쁘다)

2) 가: 이 김치찌개 맛이 어때요?

　 나: ____________________________. (맵다, 짜다)

3) 가: 과일을 살 거예요. 무슨 과일이 맛있어요?

　　나: 수박을 사세요. 요즘 수박이 ＿＿＿＿＿＿＿＿＿＿＿＿＿＿＿＿＿. (달다, 맛있다)

4) 가: 한국말이 어려워요?

　　나: 아니요, ＿＿＿＿＿＿＿＿＿＿＿＿＿＿＿＿＿＿＿. (쉽다, 재미있다)

3. ＿＿＿＿에 '–고'를 쓰세요.

1) 제주도에는 산도 있고 바다도 있어요. 제주도에서 등산도 ＿＿＿＿＿＿＿＿＿＿
수영도 할 수 있어요.

2) 내일 남편 생일이에요. 그래서 집에서 생일잔치를 해요. 음식도 ＿＿＿＿＿＿＿＿
청소도 해야 해요.

3) 지난 주말에 공원에 갔어요. 공원에서 꽃도 ＿＿＿＿＿＿＿＿＿ 사진도
＿＿＿＿＿＿＿＿＿.

4) 다음 달에 고향에 갈 거예요. 고향에 가서 친구도 ＿＿＿＿＿＿＿＿＿ 고향 음식도
＿＿＿＿＿＿＿.

4. '–고'를 사용해서 질문에 대답하세요.

1) 가: 오늘 뭐 했어요?

　　나: ＿＿＿＿＿＿＿＿＿고 ＿＿＿＿＿＿＿＿＿고 ＿＿＿＿＿＿＿＿＿.

2) 가: 주말에 뭐 할 거예요?

　　나: ＿＿＿＿＿＿＿＿＿＿＿＿＿＿＿＿＿＿＿＿＿＿＿.

3) 가: 무엇을 잘할 수 있어요?

　　나: ＿＿＿＿＿＿＿＿＿＿＿＿＿＿＿＿＿＿＿＿＿＿＿.

4) 가: 남편이 어때요?

　　나: ＿＿＿＿＿＿＿＿＿＿＿＿＿＿＿＿＿＿＿＿＿＿＿.

04 –고 싶다

동사	+ 고 싶다	가다 → 가고 싶다
	+ 고 싶지 않다	가다 → 가고 싶지 않다

1. 표에 '–고 싶다', '–고 싶지 않다'를 쓰세요.

기본형	–고 싶어요	–고 싶지 않아요
보다		
쓰다	쓰고 싶어요	
받다		
걷다		걷고 싶지 않아요
돕다		
만들다		
운동하다		

2. 그림을 보고 맞는 것을 보기 에서 찾으세요.

보기

① 한복을 사고 싶어요.
② 숙제하고 싶지 않아요.
③ 바다에서 수영하고 싶어요.
④ 아이스크림을 먹고 싶어요.

1) 

①

2) 

3) 

4) 

3. 보기처럼 ______에 쓰세요.

😊 : 친구와 한강공원에 **가고 싶어요.**

☹ : 친구와 한강공원에 **가고 싶지 않아요.**

1) 😊 생일에 친구한테 ______________ 하고 ______________을/를 ______________.

2) 😊 한국 노래를 잘 ______________________. 그래서 노래방에 자주 가요.

3) 😊 오늘은 고기를 ______________________. 고기를 사 주세요.

4) 😊 돈이 없지만 ______________________.

5) 😊 저도 친구처럼 아파트에서 ______________________.

6) ☹ 바쁘니까 ______________________.

7) ☹ 오늘은 피곤해서 ______________________. 내일 할게요.

8) ☹ 담배가 나쁘지만 나는 담배를 ______________________.

4. ______에 '-고 싶다'를 쓰세요.

부자가 되고 싶어요.

빨간색 차를 ① ______________.

멋있는 집에서 ② ______________.

골프를 ③ ______________.

· 내년 봄에는 ④ ______________.

· 신혼여행은 제주도로 ⑤ ______________.

· 신혼여행 가서 좋은 호텔에서 ⑥ ______________

______________.

· 제주도에서 한라산을 ⑦ ______________.

· 크리스마스에는 ⑧ ______________.

명사	모음/자음 + 하고	우유 → 우유하고, 빵 → 빵하고
명사	모음 + 와 자음 + 과	우유 → 우유와 빵 → 빵과

1. 그림을 보고 _____에 '하고'를 쓰세요.

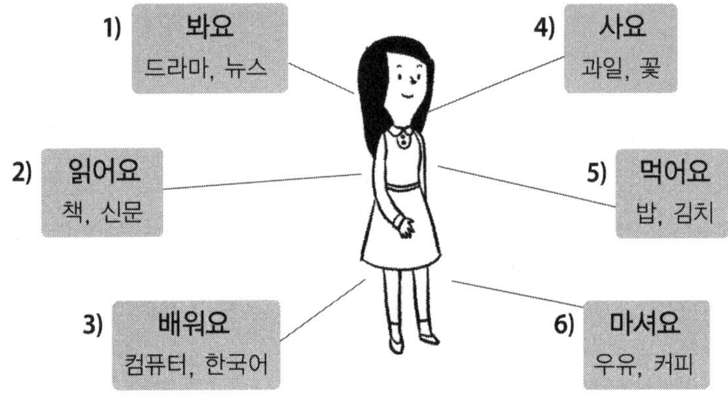

로안 씨는

1) 드라마**하고** 뉴스를 봐요.

2) 책__________ 신문을 읽어요.

3) 컴퓨터__________ 한국어를 배워요.

4) ____________________ 꽃을 사요.

5) ______________________________ .

6) ______________________________ .

2. 맞는 것에 ○ 하세요.

1) 백화점에서 옷(과, 와) 가방을 삽니다.

2) 교실에 책상(과, 와) 의자가 있습니다.

3) 학교에서 친구(과, 와) 선생님을 만납니다.

4) 거실(과, 와) 안방을 청소합니다.

5) 로안 씨(과, 와) 카즈미 씨는 친구입니다.

3. 그림을 보고 ______에 '과/와'를 쓰세요.

    1) 가: 책상 위에 무엇이 있어요?

       나: ____ .

                  지우개, 필통

    2) 가: 가방 안에 무엇이 있어요?

       나: ____ .

                  휴대폰, 지갑

    3) 가: 교실에 뭐가 있어요?

       나: ____ .

                  칠판, 쓰레기통

    4) 가: 무엇을 먹어요?

       나: ____ .

                  김치   라면

    5) 가: 동생이 있어요?

       나: ____ .

                  여동생, 남동생

4. '과/와'를 사용해서 질문에 대답하세요.

    1) 가: 가방 안에 무엇이 있어요?

       나: ____ .

    2) 가: 방 안에 무엇이 있어요?

       나: ____ .

    3) 가: 내일 어디에 가요?

       나: ____ .

    4) 가: 누구를 좋아해요?

       나: ____ .

    5) 가: 무엇을 좋아해요?

       나: ____ .

명사 + 도 → 어머니도	시간 + 에도 → 주말에도	장소 + 에서도 → 집에서도
명사 + 만 → 어머니만	시간 + 에만 → 주말에만	장소 + 에서만 → 집에서만

1. 그림을 보고 ______에 쓰세요.

1) 

라이언 씨는 미국 사람이에요.

케빈 씨_____ 미국 사람이에요.

2) 

나는 포도를 좋아해요.

그리고 수박_____ 좋아해요.

3) 

불고기가 맛있어요.

그리고 삼겹살_____ ________________.

4) 

방에 ________________.

그리고 ________________.

5)

엄마가 ________________

그리고 ________________.

2. 보기 처럼 쓰세요.

> **보기**
>
> 가: 민호 씨가 운동해요?
>
> 나: 네, **지수 씨도 운동해요.** (지수 씨)

1) 가: 아들이 있어요?

나: 네, ________________. (딸)

2) 가: 오늘 수업이 있어요?

나: 네, ________________. (내일)

3) 가: 오늘 누구를 만나요?

　　나: 선생님을 만나요. 그리고 ____________________________. (친구)

4) 가: 옷을 어디에서 사요?

　　나: 백화점에서 사요. 그리고 ____________________________. (시장)

5) 가: 일요일에 회사에 가요?

　　나: 아니요, 가지 않아요. ____________________________. (토요일)

3. 보기처럼 _______에 '만'을 쓰세요.

<table>
<tr><td>보기</td></tr>
<tr><td>선생님만 한국 사람이에요.</td></tr>
</table>

1) 2,000원 3,000원 500원 20,000원

딸기_________ 비싸요.

2) 아들_________ 있어요.

3) 남편_________ 사랑해요.

4)

월	화	수	목	금	토	일

주말에_________ 시간이 있어요.

4. 그림을 보고 _______에 '도', '만'을 쓰세요.

1) 로안 씨는 베트남 사람이에요. 뚜엔 씨_________________________.

2) 로안 씨는 머리가 길어요. 뚜엔 씨하고 _________________ 머리가 길어요.

3) 로안 씨는 커피를 마셔요. _________________ 커피를 마셔요.

4) 선생님_____ 남자예요.

5) 뚜엔 씨만 _________________________.

6) _________________ 머리가 짧아요.

1. ______에 '동안'을 쓰세요.

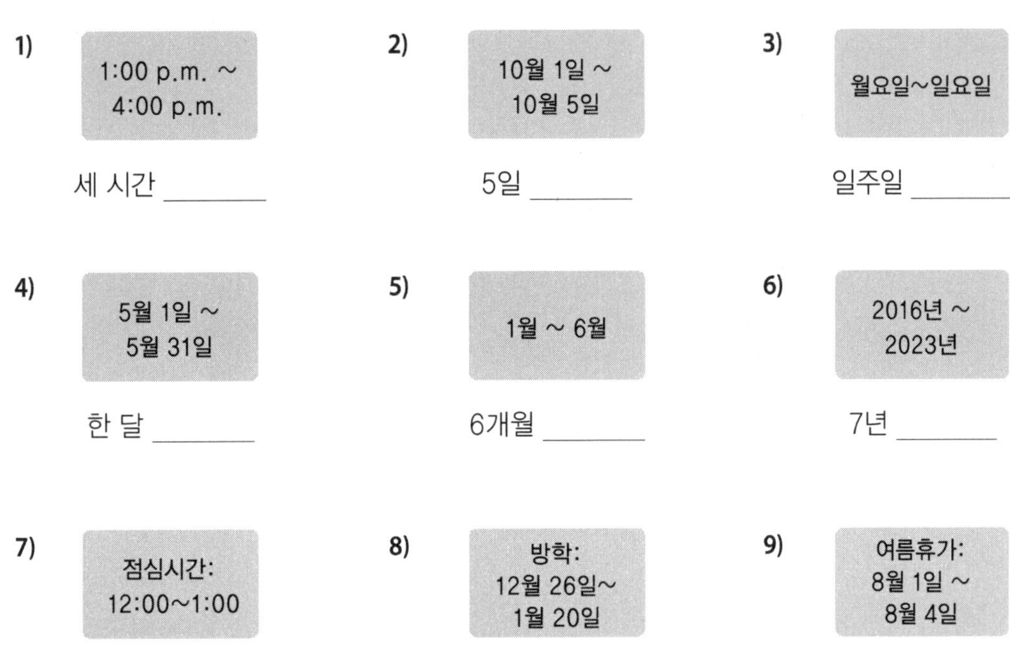

1)
1:00 p.m. ~
4:00 p.m.

세 시간 ______

2)
10월 1일 ~
10월 5일

5일 ______

3)
월요일~일요일

일주일 ______

4)
5월 1일 ~
5월 31일

한 달 ______

5)
1월 ~ 6월

6개월 ______

6)
2016년 ~
2023년

7년 ______

7)
점심시간:
12:00~1:00

점심시간 ______

8)
방학:
12월 26일~
1월 20일

방학 ______

9)
여름휴가:
8월 1일 ~
8월 4일

휴가 ______

2. ______에 '동안'을 쓰세요.

몇 분 동안	몇 시간 동안	며칠 동안	몇 달 동안	몇 년 동안

1) 가: 로안 씨, 이 영화 ______________________ 해요?

나: 영화가 열 시에 시작해서 12시에 끝나요. 두 시간 동안 해요.

2) 가: 카즈미 씨, 결혼하고 일본에서 ______________________ 살았어요?

나: 결혼하고 3년 동안 살았어요.

3) 가: 선생님, ______________________ 쉬어요?

나: 10분 동안 쉬어요.

4) 가: ________________________________ 제주도에 가요?

　　나: 가족과 같이 5일 동안 가요.

5) 가: 미오 씨, 한국 요리를 ________________________________ 배웠어요?

　　나: 7월부터 9월까지 두 달 동안 배웠어요.

3. 보기 처럼 '동안'을 사용해서 ______에 쓰세요.

1) 가: ____________________ 이 집에 살았어요?

　　나: ____________________ 이 집에 살았어요.

2) 가: ____________________ 한국어를 배웠어요?

　　나: ____________________ 한국어를 배웠어요.

3) 가: ____________________ 부모님을 만나지 않았어요?

　　나: ____________________ 부모님을 만나지 않았어요.

4) 가: ____________________ 고향 음식을 먹지 않았어요?

　　나: ____________________ 고향 음식을 먹지 않았어요.

5) 가: 한국어 숙제를 ____________________ 해요?

　　나: 보통 ____________________ 한국어 숙제를 해요.

6) 가: 한국어 수업 방학이 ____________________이에요?

　　나: ____________________이에요.

08 무슨

1. _______에 '무슨'을 쓰세요.

_____ 요일?	_____ 과일?	_____ 운동?	_____ 계절?	_____ 옷?	_____ 색?
월요일 화요일 수요일 목요일 금요일 토요일 일요일	사과 수박 딸기 바나나 오렌지	수영 농구 축구 야구 태권도	봄 여름 가을 겨울	치마 바지 한복 원피스	흰색 빨간색 노란색 파란색

2. 보기 처럼 '무슨'을 사용해서 _____ 에 쓰세요.

> **보기**
>
> 가: 머리가 아파요. **무슨 약을 먹어야 해요?**
> 나: 이 약을 드세요.

1) 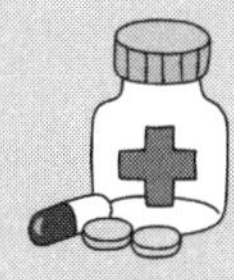
가: _________________________________?
나: 수박을 좋아해요.

2) 
가: 설날에 _________________________________?
나: 한복을 입을 거예요.

3) 
가: 바나나가 _________________________________?
나: 노란색이에요.

4) 

월	화	수	목	금	토	일
				친구		

가: _________________________________ 친구를 만나요?
나: 금요일에 친구를 만나요.

3. 보기 처럼 '무슨'을 사용해서 _______에 쓰세요.

1) 가: ____?

나: 어제 남편하고 공포 영화를 봤어요. 무서웠어요.

2) 가: ____?

나: 봄을 좋아해요. 봄은 따뜻하고 꽃이 피어요.

3) 가: ____?

나: 월요일, 수요일, 금요일에 문화센터에 가요.

4) 가: ____?

나: 수영을 잘해요. 그래서 매일 수영장에 가요.

4. '나'를 소개하세요.

무슨 계절을 좋아해요?　　　　무슨 노래를 잘 불러요?
무슨 운동을 좋아해요?　　　　요즘 무슨 드라마를 봐요?
무슨 과일을 좋아해요?　　　　남편은 무슨 일을 해요? …
무슨 음식을 잘 만들어요?

저는 ____

부터 ~ 까지

시간 + 부터　시간 + 까지　→ 한 시부터 다섯 시까지, 월요일부터 금요일까지

1. 몇 시예요? _______에 쓰세요.

1)　여섯 시예요.

2)

3)

4)

5)

6)

7)

8)

2. 보기처럼 _______에 '부터', '까지'를 쓰세요.

보기

가: 몇 시부터 몇 시까지 한국어를 공부해요? (9:00 a.m.~11:50 a.m.)

나: 오전 아홉 시부터 열한 시 오십분까지 한국어를 공부해요.

1) 가: 몇 시부터 몇 시까지 운동해요? (1:00 p.m.~3:00 p.m.)

　나: ____ 운동해요.

2) 가: 몇 시부터 몇 시까지 자요? (밤 12시~아침 7시)

　나: ____ 자요.

3) 가: 매일 회사에서 일해요? (월요일~금요일)

　나: 아니요, ________________________________ 일해요.

4) 가: 언제부터 언제까지 컴퓨터를 배워요? (6월~10월)

　나: ____ 컴퓨터를 배워요.

5) 가: 동생은 언제부터 언제까지 한국에서 공부해요? (올해~내년)

　나: ____ 한국에서 공부해요.

3. 그림을 보고 ______에 쓰세요.

오전

7:00   9:00~11:00

오후

1:00~2:00   3:00~5:00   6:00~7:00

9:30~11:00   11:30

안나 씨는 아침 일곱 시에 일어나요.

1) 여덟 시부터 여덟 시 반까지 청소해요.

2) _______________________________.

3) _______________________________.

4) _______________________________.

5) _______________________________.

6) _______________________________.

안나 씨는 밤 열한 시 반에 자요.

4. 여러분의 하루를 쓰세요.

시간	뭐 해요?
~	일어나요
~	
~	
~	
~	
~	
~	
	자요

저는 아침 __________에 일어나요.

1) _______________________________.

2) _______________________________.

3) _______________________________.

4) _______________________________.

5) _______________________________.

6) _______________________________.

저는 밤 __________에 자요.

10 불규칙 동사

1. 표에 쓰세요. 그리고 _____에 쓰세요.

'ㄷ'규칙	-아요/어요	-았/었어요	-습니다/ㅂ니다	-았/었습니다	-(으)세요
닫다		닫았어요			
받다					

'ㄷ'불규칙	-아요/어요	-았/었어요	-습니다/ㅂ니다	-았/었습니다	-(으)세요
듣다		들었어요			
걷다					

1) 은행은 4시에 문을 _______________________. (닫다)

2) 로안 씨는 아침에 전화를 _______________________. (받다) 친구가 전화했어요.

3) 어제 공원을 _______________________. (걷다)

4) 로안 씨, 한국 노래를 _______________________! (듣다)

2. 표에 쓰세요. 그리고 _____에 쓰세요.

'ㅂ'규칙	-아요/어요	-았/었어요	-습니다/ㅂ니다	-았/었습니다	-(으)세요
입다	입어요				
좁다					

'ㅂ'불규칙	-아요/어요	-았/었어요	-습니다/ㅂ니다	-았/었습니다	-(으)세요
돕다					
쉽다	쉬워요				
어렵다					
맵다					
싱겁다					

1) 누가 오늘 바지를 _______________________? (입다)

2) 우리 집이 _______________________. (좁다)

3) 영어가 _______________________. (어렵다)

한국어가 _______________________. (쉽다)

4) 어제 식당에서 김치찌개를 먹었어요. 김치찌개가 _______________________. (맵다)

3. 표에 쓰세요. 그리고 ______에 쓰세요.

'으'탈락	-아요/어요	-았/었어요	-습니다/ㅂ니다	-았/었습니다	-(으)세요
쓰다		썼어요			
끄다					
바쁘다					
예쁘다					
아프다					
크다					

1) 남편 회사에 일이 많아요. 남편이 ____________________. (바쁘다)

2) 어제 어머니께 편지를 ___________________. (쓰다)

3) 오늘 많이 걸었어요. 다리가 __________________. (아프다)

4) 로안 씨, 불을 __________________! (끄다)

4. 표에 쓰세요. 그리고 ______에 쓰세요.

'ㄹ'탈락	-아요/어요	-았/었어요	-습니다/ㅂ니다	-았/었습니다	-(으)세요
살다					
열다			엽니다		
놀다					
만들다					
길다					
달다					

1) 저는 로안입니다. 서울에서 ____________________. (살다)

2) 커피는 씁니다. 아이스크림은 ____________________. (달다)

3) 우리 가족은 주말에 친구 집에 가서 __________________. (놀다)

4) 로안 씨, 문을 __________________! (열다)

11   **–습니다/ㅂ니다, –습니까?/ㅂ니까?**

동사, 형용사	모음 + ㅂ니다/ㅂ니까? 자음 + 습니다/습니까?	자다 → 잡니다/잡니까? 먹다 → 먹습니다/먹습니까?

1. 표에 '–습니다, 습니까?'를 쓰세요.

기본형	–습니다/ㅂ니다	–습니까?/ㅂ니까?
보다	봅니다	
먹다		
말하다		말합니까?
있다		
없다		

2. 그림을 보고 ______에 쓰세요.

1) 

가: 쉽니까?

나: 네, ____________________________.

2) 

가: 먹습니까?

나: 네, ____________________________.

3) 

가: 말합니까?

나: 네, ____________________________.

4) 

가: 뽀뽀합니까?

나: 네, ____________________________.

3. 그림을 보고 보기 처럼 쓰세요.

가: **먹습니까?** (먹다)
나: 아니요, **전화합니다.**

1)
가: _________________________? (자다)

나: 아니요, _________________________.

2)
가: _________________________? (말하다)

나: 아니요, _________________________.

3)
가: _________________________? (전화하다)

나: 아니요, _________________________.

4. 그림을 보고 보기 처럼 쓰세요.

가: 텔레비전이 **있습니까?** (텔레비전)
나: 아니요, 텔레비전이 **없습니다.**

1) 가: 소파가 _________________________? (소파)

나: 아니요, _________________________.

2) 가: _________________________? (침대)

나: 아니요, _________________________.

3) 가: _________________________? (냉장고)

나: 아니요, _________________________.

12   −아/어(반말)

동사, 형용사	ㅏ, ㅗ + 아 ㅓ, ㅜ, ㅣ 등 + 어	가다 → 가 먹다 → 먹어
명사	모음 + 야 자음 + 이야	요리사이다 → 요리사야 선생님이다 → 선생님이야

1. 표에 '−아/어'를 쓰세요.

기본형	−아/어	−았/었어	−(으)ㄹ 거야
보다			
쉬다			
적다			
듣다			
맵다			
피곤하다			
의사이다	의사야		
회사원이다			
아니다		아니었어	
−지 않다	−지 않아		−지 않을 거야

2. 그림을 보고 ______에 쓰세요.

1)

지우: 오빠, 오늘이 ______

______?

2)

로안: 아들, 오늘 학교에서

______?

3)

규진: 우리 딸, 내일 뭐 ______

______?

3. 보기 처럼 쓰세요.

> **보기**
>
> 저는 지금 과일을 씻어요.
>
> → <u>나는 지금 과일을 씻어.</u>

1) 저는 월요일, 수요일에 한국어를 배워요.

→ ____ .

2) 저는 주말에도 회사에 가서 일해요.

→ ____ .

3) 저는 한국 사람이 아니에요.

→ ____ .

4) 저는 저녁에 커피를 마시지 않아요.

→ ____ .

5) 저와 제 친구들은 일요일에 공원에 가서 꽃을 구경했어요.

→ ____ .

4. ______에 '-아/어'를 쓰세요.

1) 지수: 엄마, 엄마는 남자 친구가 있어요?

로안: 아니, 나는 ____

2) 지우: 아빠, 학교 운동회에 갈 거예요?

규진: 응, ____

3) 지수: 선생님, 우리 오빠가 운동을 잘해요?

선생님: 응, 지수 오빠가 ____

4) 지수: 엄마, 저녁에 뭐 먹을 거예요?

로안: ____

5) 지수: 나는 아이스크림을 먹을 거야. 너는 뭐를 먹을 거야?

지우: 나는 ____

6) 지우: 너 어제 뭐 했어?

친구: ____

13   −아/어 주세요

동사	ㅏ, ㅗ + 아 주다	오다 → 와 주다
	ㅓ, ㅜ, ㅣ 등 + 어 주다	씻다 → 씻어 주다

1. 표에 '−아/어 주다'를 쓰세요.

기본형	−아/어 줘요	−아/어 주었어요	−아/어 주세요
보다			
쓰다			써 주세요
자르다			
닫다			
듣다		들어 주었어요	
돕다	도와 줘요		
만들다			
운전하다			

2. 그림을 보고 맞는 것을 보기 에서 찾으세요.

> 보기
>
> ① 6층 좀 눌러 주세요.
> ② 손님, 사인해 주세요.
> ③ 다문화센터지요? 한국어 선생님 좀 바꿔 주세요.

1)

②

2)

3)

3. 보기 처럼 쓰세요.

1) "선생님, 저하고 제 친구 ___________________________." (사진, 찍다)

2) "엄마, 우리한테 ___________________________." (책, 읽다)

3) "엄마, ___________________________." (아이스크림, 사다)

4) "엄마, ___________________________." (떡볶이, 만들다)

5) "카즈미 씨, ___________________________." (휴대전화, 빌리다)

6) "아빠, ___________________________." (문, 닫다)

7) "여보, ___________________________." (운전, 가르치다)

8) "지수야, 아빠한테 ___________________________." (뽀뽀하다)

9) "여보, 오늘 저녁에는 당신이 ___________________________." (설거지하다)

10) "아빠, 주말에는 저하고 같이 ___________________________." (놀다)

4. ______ 에 '-아/어 주었다'를 쓰세요.

2017년 12월 15일 일요일

오늘은 시어머니 생신이에요. 시부모님이 점심에 우리 집에 오실 거예요. 나는 불고기를 만들었어요. 딸 지수가 나를 ①___________________________ (돕다). 아들 지우는 ②___________________________ (청소하다). 남편은 쓰레기를 ③___________________________ (버리다). 12시 반에 시아버지와 시어머니가 오셨어요. 우리는 불고기를 먹었어요. 불고기가 맛있었어요. 그리고 우리 가족은 시어머니께 생일 축하 노래를 ④___________________________ (부르다). 오후에는 가족 모두 백화점에 갔어요. 남편이 시어머니께 ⑤___________________________ (옷, 사다). 그리고 나한테도 ⑥___________________________ (가방, 선물하다). 시어머니는 아주 좋아하셨어요. 나도 행복했어요! ♥♥♥

─아서/어서(순차)

동사	ㅏ, ㅗ + 아서 ㅓ, ㅜ, ㅣ 등 + 어서	오다 → 와서 씻다 → 씻어서

1. 표에 '─아/어'를 쓰세요.

기본형	─아서/어서
가다	
사다	
만나다	
배우다	
일어나다	
씻다	
만들다	만들어서
빨래하다	

2. 그림을 보고 맞는 것을 보기 에서 찾으세요.

보기
① 규진 씨가 꽃을 사서 선물해요.
② 로안 씨가 포도를 씻어서 먹어요.
③ 지우가 밤 10시에 자서 아침 6시에 일어나요.

1) 

2) 

3) 

③

____

____

3. 보기 처럼 쓰세요.

보기
로안 씨가 아침에 **일어나서 운동을 합니다.** (일어나다, 운동하다)

1) 우리 집은 김치를 ________________________________. (사다, 먹다)

2) 친구를 ________________________________. (만나다, 커피를 마시다)

3) 다문화센터에 ________________________________. (오다, 한국어를 공부하다)

4) 고향에 ________________________________. (가다, 부모님을 만나다)

5) 주말에 베트남 음식을 ____________________________. (요리하다, 먹다)

4. 그림을 보고 ______에 '–아/어서'를 쓰세요.

1)

로안 씨가 ______________________

________________________________ .

2)

규진 씨가 ______________________

________________________________ .

3)

지우가 아침에 __________________

________________________________ .

4)

카즈미 씨가 집에서 케이크를 __________

________________________________ .

15 −아서/어서, −(이)라서(이유)

동사 · 형용사	ㅏ, ㅗ + 아서 ㅓ, ㅜ, ㅣ 등 + 어서	많다 → 많아서 찍다 → 찍어서
명사	모음 + 라서 자음 + 이라서	부자이다 → 부자라서 한국 사람이다 → 한국 사람이라서

1. 표에 '−아서/어서'를 쓰세요.

기본형	−아서/어서, −(이)라서	−지 않아서, 아니라서
오다		
쓰다		
적다		
듣다		
즐겁다	즐거워서	
만들다		
심심하다		
여자이다		여자가 아니라서
일요일이다		

2. 그림을 보고 맞는 것을 보기 에서 찾으세요.

> 보기
> ① 여름이라서 더워요.
> ② 시험에 떨어져서 슬퍼요.
> ③ 아침을 안 먹어서 배가 고파요.
> ④ 이 영화가 재미있어서 극장에 사람들이 많아요.

1) 

③

2) 

3) 

4) 

3. ______에 '–아서/어서'를 쓰세요.

| 하다 | 걷다 | 사다 | 피다 | 춥다 | 없다 | 맛있다 | 생일이다 |

1) 많이 ____________________ 다리가 아픕니다.

2) 한국에 친구가 ____________________ 심심합니다.

3) 날씨가 ____________________ 감기에 걸렸습니다.

4) 오늘 일을 많이 ____________________ 피곤합니다.

5) 불고기가 ____________________ 2인분을 먹었습니다.

6) 공원에 예쁜 꽃이 ____________________ 사진을 많이 찍었습니다.

7) 야채하고 과일을 많이 ____________________ 장바구니가 무겁습니다.

8) 오늘은 내 ____________________ 집에 우리 반 친구들을 초대했습니다.

4. ______ 에 '–아서/어서'를 쓰세요.

제 이름은 푸잉이고 태국 사람입니다. 저는 고등학교를 졸업하고 백화점에서 일했습니다. 남편은 백화점의 손님이었습니다. 남편은 한국 사람입니다. 남편과 저는 1년 데이트하고 태국에서 결혼했습니다. 저는 남편이 키가 크고 ①____________________ 결혼했습니다. 우리는 결혼해서 태국에서 살았습니다. 그렇지만 남편은 한국 남자②____________________ 한국음식을 좋아했습니다. 저는 한국 음식을 만들 수 ③____________________ 한국 요리를 배워야 했습니다. 저는 한국말과 한국 요리를 배우러 한국에 왔습니다. 남편은 일을 ④____________________ 태국에 있습니다.

지금 저는 시부모님과 함께 삽니다. 다문화센터에서 한국어와 한국 요리를 배웁니다. 한국에서는 ⑤____________________ 시간이 많습니다. 시어머니는 친구가 ⑥____________________ 바쁩니다. 제가 한국 음식을 만듭니다. 그렇지만 저는 한국 음식이 너무 ⑦____________________ 먹을 수 없습니다. 저녁에는 한국드라마가 ⑧____________________ 매일 봅니다. 드라마를 보고 한국어를 배웁니다.

–아야/어야 하다

| 동사 | ㅏ, ㅗ + 아야 하다 | 오다 → 와야 하다 |
| | ㅓ, ㅜ, ㅣ 등 + 어야 하다 | 씻다 → 씻어야 하다 |

1. 표에 '–아야/어야 하다'를 쓰세요.

기본형	–아야/어야 해요	–아야/어야 합니다
가르치다		
찾다		
누르다	눌러야 해요	
듣다		
돕다		
만들다		
준비하다		준비해야 합니다

2. 그림을 보고 맞는 것을 보기 에서 찾으세요.

보기
① 장을 봐야 해요.
② 손을 씻고 먹어야 해.
③ 이 아이도 버스 요금을 내야 해요?
④ 찌개가 싱거워. 소금을 더 넣어야 해.

<table>
<tr><td>1)</td><td>2)</td><td>3)</td><td>4)</td></tr>
<tr><td></td><td></td><td></td><td></td></tr>
<tr><td>①</td><td></td><td></td><td></td></tr>
</table>

3. ______에 '-아야/어야 하다'를 쓰세요.

1) 돈이 없습니다. 은행에서 돈을 _________________________ (찾다).

2) 점심시간은 1시까지입니다. 지금은 12시 45분입니다. 빨리 ___________________ (먹다).

3) 도서관에 가서 책을 ___________________ (빌리다).

4) 한국말이 어렵습니다. 한국어를 많이 ___________________ (공부하다).

5) 감기에 걸렸습니다. 오늘은 집에서 ___________________ (쉬다).

6) 다음에 내릴 겁니다. 버스의 벨을 ___________________ (누르다).

7) 머리가 깁니다. 머리를 ___________________ (자르다).

8) 살이 많이 쪘습니다. 그래서 ___________________ (운동하다).

   그리고 많이 ___________________ (걷다)

4. ______에 '-아야/어야 하다'를 쓰세요.

가다	자다	찍다	듣다	먹다	마시다	공부하다	준비하다

1) 내일 한국어 시험이 있어요. 저는 열심히 ① ___________________.
   한국어 시디(CD)도 ② ___________________.

2) 내일은 지우 학교의 운동회 날이에요.
   나는 내일 일찍 일어나서 도시락을 ③ ___________________.
   그리고 한국어 시험 끝나고 지우의 학교에 ④ ___________________.
   사진을 ⑤ ___________________.

3) 지금 머리하고 목이 많이 아파요. 오늘 병원에 가서 의사도 만나고 약도 받았어요.
   내일 밥을 먹고 꼭 약을 ⑥ ___________________.
   물도 많이 ⑦ ___________________.
   그리고 오늘 밤에는 일찍 ⑧ ___________________.

17 안

안	동사	가다 → 안 가다, 공부하다 → 공부 안 하다
	형용사	많다 → 안 많다, 피곤하다 → 안 피곤하다

1. 표에 '안'을 넣어 쓰세요.

기본형	안 -아요/어요	안 -았/었어요
자다	안 자요	
보다		
크다		
듣다		
길다		
요리하다		요리 안 했어요
빨래하다		

2. 그림을 보고 ______에 '안'을 쓰세요.

1) 

가: 지우가 지금 텔레비전을 봐요?
나: 아니요, __________________________________.
　　게임해요.

2) 

가: 로안 씨가 지금 우유를 마셔요?
나: 아니요, __________________________________.
　　커피를 마셔요.

3) 

가: 카즈미 씨가 쇼핑해요?
나: 아니요, __________________________________.
　　산책해요.

4) 

가: 지금 규진 씨가 일해요?
나: 아니요, __________________________________.
　　등산해요.

3. 그림을 보고 보기 처럼 쓰세요.

1) 가: 이를 닦았어요?

나: 아니요, ________________________. 손을 씻었어요.

2) 가: 머리를 감았어요?

나: 아니요, ________________________. 세수했어요.

3) 가: 목욕했어요?

나: 아니요, ________________________. 샤워했어요.

4) 가: 한국어 수업이 12시에 끝났어요?

나: 아니요, ________________________. 한국어 수업이 1시에 끝났어요.

4. ______에 '안'을 쓰세요.

1) 우리 회사는 토요일에 ________________________. (쉬다) 일합니다.

2) 저는 키가 작습니다. 키가 ________________________. (크다)

3) 저는 운동을 하지 않습니다. 운동을 ________________________. (좋아하다)

4) 이 수박이 5,000원입니다. 이 수박이 ________________________. (비싸다)

5) 오늘은 시간이 없지만 내일은 ________________________. (바쁘다)

6) 어제는 피곤했지만 오늘은 ________________________. (피곤하다)

7) 여행 가서 우리 가족은 사진을 찍었지만 친구 가족은 사진을 ________________________. (찍다)

8) 할머니께서는 아침에 밥을 잡수십시다. 빵을 ________________________. (잡수시다)

–았/었–

동사, 형용사	ㅏ, ㅗ + 았어요/았습니다 ㅓ, ㅜ, ㅣ 등 + 었어요/었습니다	오다 → 왔어요/왔습니다 마시다 → 마셨어요/마셨습니다
명사	모음 + 였어요/였습니다 자음 + 이었어요/이었습니다	요리사이다 → 요리사였어요/ 요리사였습니다 선생님이다 → 선생님이었어요/ 선생님이었습니다

1. 표에 '–았/었–'을 쓰세요.

기본형	–았/었어요	–았/었습니다
보다	봤어요	
쉬다		
받다		
듣다		
쇼핑하다		
바쁘다		
많다		
의사이다		
회사원이다		
아니다		아니었습니다

2. 그림을 보고 ______에 쓰세요.

1)

지난달에 수영장에 가서

_______________________.

2)

지난주에 남편과 같이

_______________________.

3)

어제 남편이 꽃집에서

_______________________.

3. 로안 씨가 어제 뭐 했어요? 쓰세요.

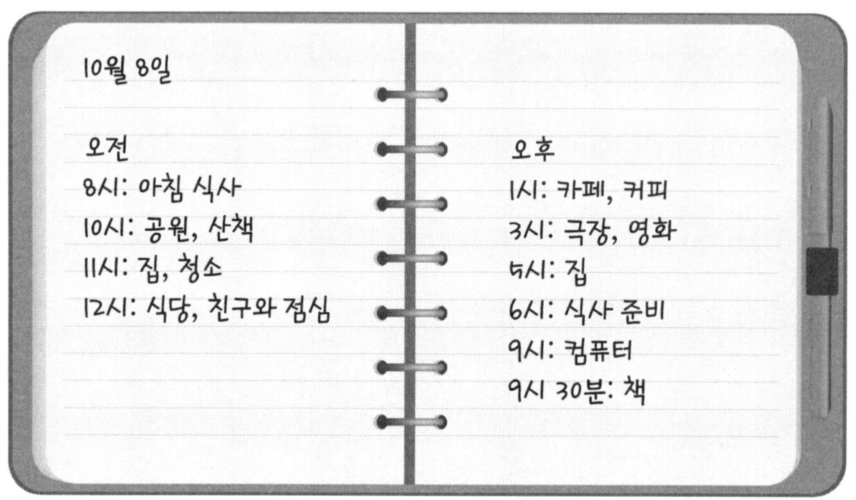

로안 씨는 어제 8시에 아침 식사했습니다.

그리고 10시에 공원에 가서 ① _______________________________________.

그리고 ② _______________________________________.

그리고 ③ _______________________________________.

그리고 ④ _______________________________________.

그리고 ⑤ _______________________________________.

그리고 5시에 집에 왔습니다.

그리고 ⑥ _______________________________________.

그리고 ⑦ _______________________________________.

그리고 ⑧ _______________________________________.

4. 지난 주말에 뭐 했어요? 쓰세요.

____

____

____

19 에(시간)

날짜, 요일 + 에	2000년 → 2000년에 7월 15일 → 7월 15일에 화요일 → 화요일에

1. 보기 처럼 쓰세요.

> **보기**
>
> 가: 로안 씨, 언제 고향에 가요?
> 나: <u>십일월 십삼일에 가요.</u> (11월 13일)

1) 가: 언제 친구를 만나요?

나: ____. (8월 9일)

2) 가: 친구가 언제 고향에 가요?

나: ____. (6월 25일)

3) 가: 시어머니가 언제 서울에 오세요?

나: ____. (10월)

4) 가: 로안 씨, 동생이 언제 미국에 가요?

나: ____. (2019년)

5) 가: 딸이 언제 학교에 가요?

나: ____. (내년)

6) 가: 백화점에 언제 가요?

나: ____. (주말)

7) 가: 언제 시간이 있어요?

나: 저는 _______________________________. (일요일)

8) 가: 여보, 당신은 언제 바빠요?

나: 나는 _______________________________. (월요일과 수요일)

2. _______에 쓰세요.

월	화	수	목	금	토	일
병원	한국어 수업	친구	한국어 수업	극장	수영장	백화점

1) 가: 로안 씨, 토요일에 뭐 해요?

　　나: 토요일____.

2) 가: 일요일에 한국어 수업이 있어요?

　　나: 아니요, 일요일________________________________.

3) 가: 한국어 수업이 언제 있어요?

　　나: ________________하고 ________________ 한국어 수업이 있어요.

4) 가: 무슨 요일에 병원에 가요?

　　나: ____.

5) 가: ____?

　　나: 수요일에 친구를 만나요.

3. 보기 처럼 쓰세요.

> **보기**
> (12월 25일, 크리스마스, 고향, 가다)
> → 십이월 이십오일 크리스마스에 고향에 가요.

1) (3월 14일, 생일파티하다)

→ ____.

2) (9월 7일, 금요일, 의사, 만나다)

→ ____.

3) (1월 1일, 설날, 시댁, 가다)

→ ____.

4) (5월 5일, 어린이날, 케이크, 먹다)

→ ____.

5) (2019년, 2월 26일, 수요일, 중국, 있다)

→ ____.

에(단위)

| 단위명사 | + 에 | 한 개 → 한 개에 |

1. 그림을 보고 맞는 것을 연결하세요.

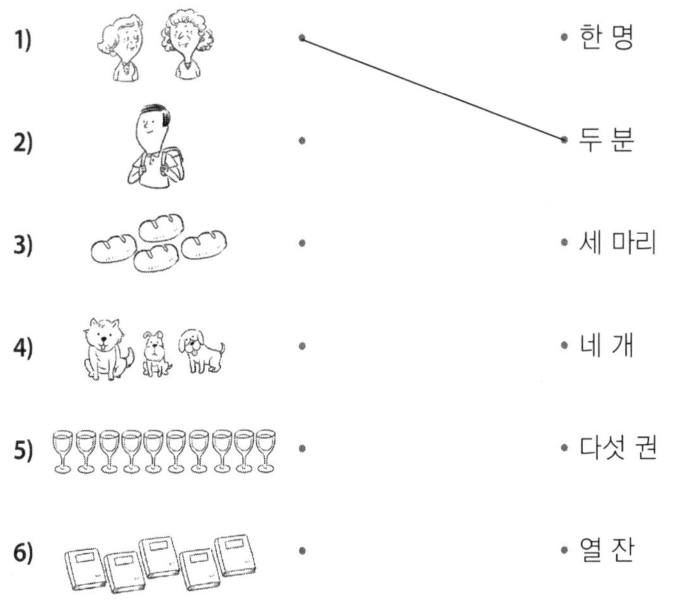

1) • 한 명
2) • 두 분
3) • 세 마리
4) • 네 개
5) • 다섯 권
6) • 열 잔

2. 보기처럼 쓰세요.

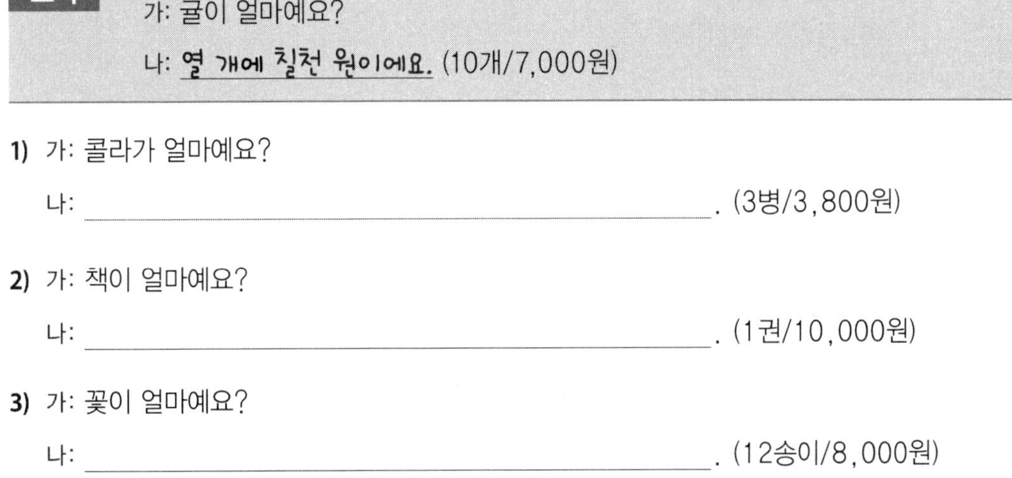

보기
가: 귤이 얼마예요?
나: <u>열 개에 칠천 원이에요.</u> (10개/7,000원)

1) 가: 콜라가 얼마예요?
   나: ________________________. (3병/3,800원)

2) 가: 책이 얼마예요?
   나: ________________________. (1권/10,000원)

3) 가: 꽃이 얼마예요?
   나: ________________________. (12송이/8,000원)

3. 보기 처럼 쓰세요.

1) 6,900원 배추가 ________________________.

2) 1,200원 두부가 ________________________.

3) 4,500원 파가 ________________________.

4) 5,000원 당근이 ________________________.

5) 23,000원 생선이 ________________________.

4. 그림을 보고 ______ 에 쓰세요.

가: 어서 오세요.

나: 수박이 한 통에 얼마예요?

가: ① ________________________.

나: 비싸요. 사과가 얼마예요?

가: 사과는 비싸지 않아요.

　② ________________________, ________________________.

나: 그럼 포도가 얼마예요?

가: ③ ________________________. 싸요.

나: 그럼 사과 다섯 개하고 포도 네 송이 주세요.

가: 여기 있습니다. 감사합니다.

21 에 가다/오다

장소	+ 에 가다	학교 → 학교에 가다
	+ 에 오다	학교 → 학교에 오다

1. 그림을 보고 보기 처럼 쓰세요.

보기

(규진 씨/ 회사)

가: <u>규진 씨가 어디에 가요?</u>

나: <u>규진 씨가 회사에 가요.</u>

1) 

(로안 씨/ 슈퍼마켓)

가: _________________________?

나: _________________________.

2) 

(지우/ 학교)

가: _________________________?

나: _________________________.

3) 

(선생님/ 은행)

가: _________________________?

나: _________________________.

4) 

(라이언 씨/ 병원)

가: _________________________?

나: _________________________.

5) 

(카즈미 씨/ 백화점)

가: _________________________?

나: _________________________.

2. 그림을 보고 보기 처럼 쓰세요.

보기

가: 로안 씨가 시장에 가요?

나: 아니요, 로안 씨가 다문화센터에 가요.

1)

가: 규진 씨가 회사______ ____________________?

나: 아니요, ____________________________.

2)

가: 지수가 병원______ ____________________?

나: 아니요, ____________________________.

3)

가: 선생님이 식당______ __________________?

나: 아니요, ____________________________.

3. ______에 쓰세요.

가: 안녕하세요? 로안 씨.

나: 안녕하세요? 카즈미 씨.

가: 로안 씨, 어디에 가요?

나: 저는 ①________________________________(시장).

가: 시장에서 뭐 해요?

나: 저는 시장에서 ②________________________.

　　카즈미 씨는 어디에 가요?

가: 저는 ③________________________________(슈퍼마켓).

나: 저는 슈퍼마켓에서 ④____________________.

에게/한테, 께, 에

사람, 동물 + 에게/한테	친구 → 친구에게/친구한테 개 → 개에게/개한테		주어요
할머니, 사장님 + 께	할머니 → 할머니께		드려요
나무, 꽃 + 에	나무 → 나무에		주어요

1. 그림을 보고 맞는 것을 연결하세요.

아들에게 물을
주어요

고양이한테 물을
주어요

나무에 물을 주어요

할머니께 물을 드려요

2. 보기처럼 쓰세요.

> 보기
>
> 가: 로안 씨가 누구**에게** 말해요?
>
> 나: **로안 씨가 아들에게 말해요.** (아들, 말하다)

1) 가: 남편 생일에 무엇을 선물할 거예요?

　　나: ____. (남편, 시계, 선물하다)

2) 가: 어제 누구한테 전화를 걸었어요?

　　나: ____. (어머니, 전화, 걸다)

3) 가: 지금 뭐 해요?

　　나: ____. (친구, 이메일, 보내다)

4) 가: 어제 뭐 했어?

　　나: ____. (언니, 편지, 쓰다)

3. 그림을 보고 ______에 쓰세요.

1) 선생님이 ________________한테 ________________________________.

2) 로안 씨가 어머니____.

3) 지우가 할아버지____.

4) 할머니께서 친구____.

5) 규진 씨가 ____.

4. ______에 맞는 것을 쓰세요.

에	에서	하고	에게/한테	(으)로

내일은 남편 생일입니다. 그래서 선물을 사야 합니다. 요리를 해야 합니다.

오늘 아침을 먹고 백화점에 갔습니다. 백화점①______ 사람이 아주 많았습니다. 나는

백화점②______ 넥타이를 샀습니다. 넥타이가 비쌌습니다. 슈퍼마켓③______ 가서 채소④______

고기를 샀습니다.

내일 나는 한국 음식을 만들 겁니다. 그리고 남편⑤______ 넥타이⑥______ 카드를 줄 겁니다.

카드⑦______ 한국말⑧______ "생일을 축하해요"라고 쓸 겁니다. 휴대전화⑨______ 남편⑩______

"사랑해요♥♥♥" 라고 문자 메시지를 보낼 겁니다.

 에서

| 장소 | + 에서 | → 집에서 요리해요 |
| 장소 | + 에 있다/없다 | → 집에 컴퓨터가 있어요/집에 컴퓨터가 없어요 |

1. ______에 '에서'를 쓰세요.

| 은행 | 회사 | 병원 | 집 | 백화점 |

1) __________________________ 옷을 사요.

2) __________________________ 청소해요.

3) __________________________ 일해요.

4) __________________________ 의사를 만나요.

5) __________________________ 돈을 바꿔요.

2. 맞는 것에 ◯ 하세요.

1) 커피숍(에, 에서) 친구를 만납니다.

2) 부엌(에, 에서) 냉장고가 있습니다.

3) 집(에, 에서) 요리합니다.

4) 시장(에, 에서) 옷을 삽니다.

5) 우리 집(에, 에서) 개가 없습니다.

3. 그림을 보고 ______에 쓰세요.

1)

집

가: 지우가 어디에 있어요?

나: _________________________________에 있어요.

가: 지우가 ______________에서 뭐 해요?

나: _________________________________.

2)

커피숍

가: 규진 씨가 어디에 있어요?

나: _________________________________.

가: _________________________ 뭐 해요?

나: _________________________________.

3)

식당

가: 카즈미 씨가 ______________________________?

나: _________________________________.

가: _________________________ 뭐 해요?

나: _________________________________.

4)

슈퍼마켓

가: 로안 씨가 ______________________________?

나: _________________________________.

가: ______________________________?

나: _________________________________.

5)

가: 여기가 어디예요?

나: _________________________________.

가: 여기에서 뭐 해요?

나: _________________________________.

4. 보기 처럼 쓰세요

보기

학교, 공부하다 → 학교에서 공부해요.

1) 방, 책, 읽다 → _________________________________.

2) 부엌, 과일, 씻다 → _________________________________.

3) 학교 앞, 친구, 만나다 → _________________________________.

4) 저, 거실, 텔레비전, 보다 → _________________________________.

5) 한국어, 어디, 배우다 → ________________________________?

에서(부터) ~ 까지

장소 + 에서	장소 + 까지	→ 서울에서 부산까지
장소 + 에서부터	장소 + 까지	→ 집에서부터 학교까지

1. ______에 '에서', '까지'를 쓰세요.

1) 가: 서울_________ 인천_________ 몇 km예요?

　　나: 서울________ 인천_________ 50km쯤 돼요.

2) 가: 로안 씨, 문화센터가 멀어요?

　　나: 아니요, 우리 집________ 문화센터________ 멀지 않고 가까워요.

3) 가: 남대문시장________ 집________ 어떻게 갔어요?

　　나: 가방이 무거워서 집________ 택시로 갔어요.

4) 가: 시댁________ 어떻게 가요?

　　나: 서울역________ 명동________ 지하철을 타고, 명동________ 집________ 버스를 타요.

2. 보기 처럼 쓰세요.

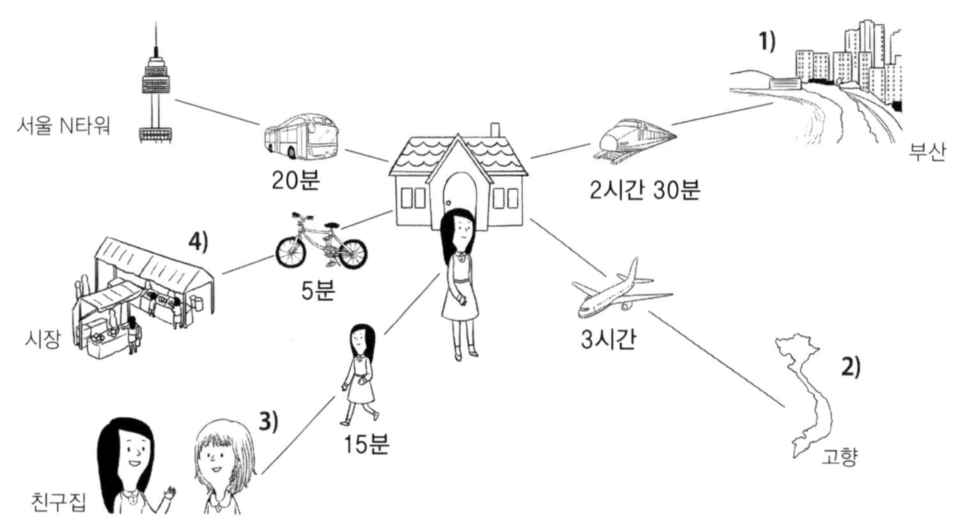

가: 집**에서** 서울N타워**까지** 시간이 얼마나 걸려요?

나: 집에서 서울N타워까지 버스로 20분(이) 걸려요. (버스)

1) 가: ___________________________________?

   나: ___________________________________.(기차)

2) 가: ___________________________________?

   나: ___________________________________.(비행기)

3) 가: ___________________________________?

   나: ___________________________________.(걸어서)

4) 가: ___________________________________?

   나: ___________________________________.(자전거)

3. _______에 쓰세요.

지난주에 남편하고 제주도에 갔어요. 집①_______ 공항②_______ 멀지 않아요. 지하철로 30분 걸려요. 그렇지만 우리는 아침에 늦게 일어나서 시간이 없었어요. 그래서 공항③_______ 택시를 탔고, 비행기를 탈 수 있었어요.

김포공항④_______ 제주공항⑤_______ 1시간이 걸렸어요. 우리는 공항에 내려서 호텔⑥_______ 버스를 탔어요. 경치가 아름다웠어요. 길옆에 나무와 예쁜 꽃이 많이 있었어요. 바다도 있었어요. 시원한 바람도 불었어요.

내일은 호텔⑦_______ 바다⑧_______ 산책할 거예요. 바다를 구경하고 배를 탈 거예요.

4. 한국에서 어디에 갔어요? 거기까지 어떻게 갔어요? 시간이 얼마나 걸렸어요?

____

____

____

25   –(으)니까, –(이)니까

동사, 형용사	모음 + 니까 자음 + 으니까	쉬다 → 쉬니까 많다 → 많으니까
명사	모음 + 니까 자음 + 이니까	여자이다 → 여자니까 일요일이다 → 일요일이니까

1. 표에 '–(으)니까'를 쓰세요.

기본형	–니까	기본형	–으니까
피다		맑다	맑으니까
춥다		짧다	
길다		걷다	
열다	여니까	맛있다	
시원하다		재미없다	

명사이다	–니까	명사이다	–이니까
아내이다		선생님이다	

2. 그림을 보고 맞는 것을 보기 에서 찾으세요.

> 보기
>
> ① 이 영화가 재미있으니까 이 영화를 봐요.
> ② 아빠, 바람이 부니까 창문 좀 닫아 주세요.
> ③ 날씨가 좋지 않으니까 오늘은 산책을 하지 마세요.

1)

③

2)

3)

3. 알맞은 것을 연결하고 '-(으)니까'를 쓰세요.

1) 비가 와요 · · 선물을 사야 해요

2) 3인분은 많아요 · · 2인분만 주문하세요

3) 친구 생일이에요 · · 단풍 구경을 갈까요

4) 김치찌개가 매워요 · · 된장찌개를 먹겠어요

5) 10월에 단풍이 들어요 · · 만나서 같이 영화를 봐요

6) 오늘은 바쁘지 않아요 · · 우산을 빌려 주세요

1) <u>비가 오니까 우산을 빌려 주세요.</u>

2) ____ .

3) ____ .

4) ____ .

5) ____ ?

6) ____ .

4. _______ 에 쓰세요.

로안: 뚜엔 씨, 다음 주 수요일이 한국어 시험이지요? 공부 많이 했어요?

후엔: 아니요, 저는 ① _________________________ (아르바이트하다) 시간이 없어요. 그리고 남편이
베트남어를 ② _________________________ (잘하다) 남편과 베트남어로만 이야기해요.
그래서 한국말이 어려워요.

로안: 나는 시간이 ③ _________________________ (많다) 내가 도와줄게요. 시험이
④ _________________________ (어렵다) 많이 공부해야 해요. 우리 언제 만날까요?

후엔: 주중에는 ⑤ _________________________ (바쁘다) 주말에 만나요.

로안: 주말에는 가족들이 집에 ⑥ _________________________ (있다) 만날 수 없어요.

후엔: 그럼 오늘 가르쳐 줄 수 있어요? 오늘 아르바이트가 5시부터⑦ _________________________ (이다)
시간이 있어요.

로안: 어디에서 아르바이트를 해요? 여기에서 멀어요?

후엔: 식당에서 해요. 여기에서 ⑧ _________________________ (멀다) 4시까지 공부할 수있어요.

로안: 알았어요. 오늘 4시까지 같이 공부해요.

–(으)러 가다/오다

동사	모음 + 러 가다/오다	보다 → 보러 가다/오다
	자음 + 으러 가다/오다	먹다 → 먹으러 가다/오다

1. 표에 '–(으)러 가다'를 쓰세요.

기본형	–(으)러 갔어요	–(으)러 가요	–(으)러 갈 거예요
주다			
받다			
부르다		부르러 가요	
듣다			
돕다			도우러 갈 거예요
놀다	놀러 갔어요		
쇼핑하다			

2. 그림을 보고 맞는 것을 보기 에서 찾으세요.

보기
① 돈을 찾으러 은행에 가요.
② 도서관에 책을 빌리러 가요.
③ 문화센터에 컴퓨터를 배우러 다녀요.
④ 옷이 없어서 백화점에 옷을 사러 가요.

3. _____에 '-(으)러 가다/오다'를 쓰세요.

1) 가: 로안 씨, 문화센터에 왜 가요?

　　나: 한국 사람한테 베트남어를 _______________________ 가요.

2) 가: 미용실에 파마하러 가요?

　　나: 아니요, 머리를 _______________________.

3) 가: 로안 씨, 인천 공항에 왜 가요?

　　나: 베트남에서 친구가 저를 ___________ 한국에 ___________.

4) 가: 가을에 사람들이 왜 설악산에 가요?

　　나: 단풍을 _______________________.

5) 가: 아까 우체국에 왜 갔어요?

　　나: _______________________.

6) 가: 내일 공원에 사진을 찍으러 갈 거예요?

　　나: 아니요, _______________________.

4. 보기 처럼 쓰세요.

> 보기
>
> (아침, 한강공원, 타다, 자전거, 저)
>
> → 아침에 저는 한강공원에 자전거를 타러 갑니다.

1) (주말, 나, 극장, 보다, 영화)

　　→ 주말에 _______________________.

2) (여름, 나, 수영하다, 친구들, 바다, 같이)

　　→ 여름에 _______________________.

3) (저, 서점, 사다, 책, 방학)

　　→ 방학에 _______________________.

4) (봄, 우리 가족, 공원, 꽃구경하다)

　　→ 봄에 _______________________.

27   –(으)려고 하다

동사	모음 + 려고 하다 자음 + 으려고 하다	치다 → 치려고 하다 입다 → 입으려고 하다

1. 표에 '–(으)려고 하다'를 쓰세요.

기본형	–(으)려고 해요	–(으)려고 했어요
자다		
자르다		
찾다		
듣다		들으려고 했어요
돕다		
만들다	만들려고 해요	
공부하다		

2. 보기 처럼 쓰세요.

> **보기**
> 내일 시험이라서 **시험공부하려고 해요**. (시험공부하다)

1) 더워서 반바지를 하나 _________________________. (사다)

2) 심심해서 친구한테 편지를 _________________________. (쓰다)

3) 오늘 지갑을 안 가져와서 친구에게 돈을 _________________________. (빌리다)

4) 이번 생일에는 친구들을 집에 _________________________. (초대하다)

5) 돈이 필요해서 _________________________. (아르바이트하다)

3. 그림을 보고 ______에 쓰세요.

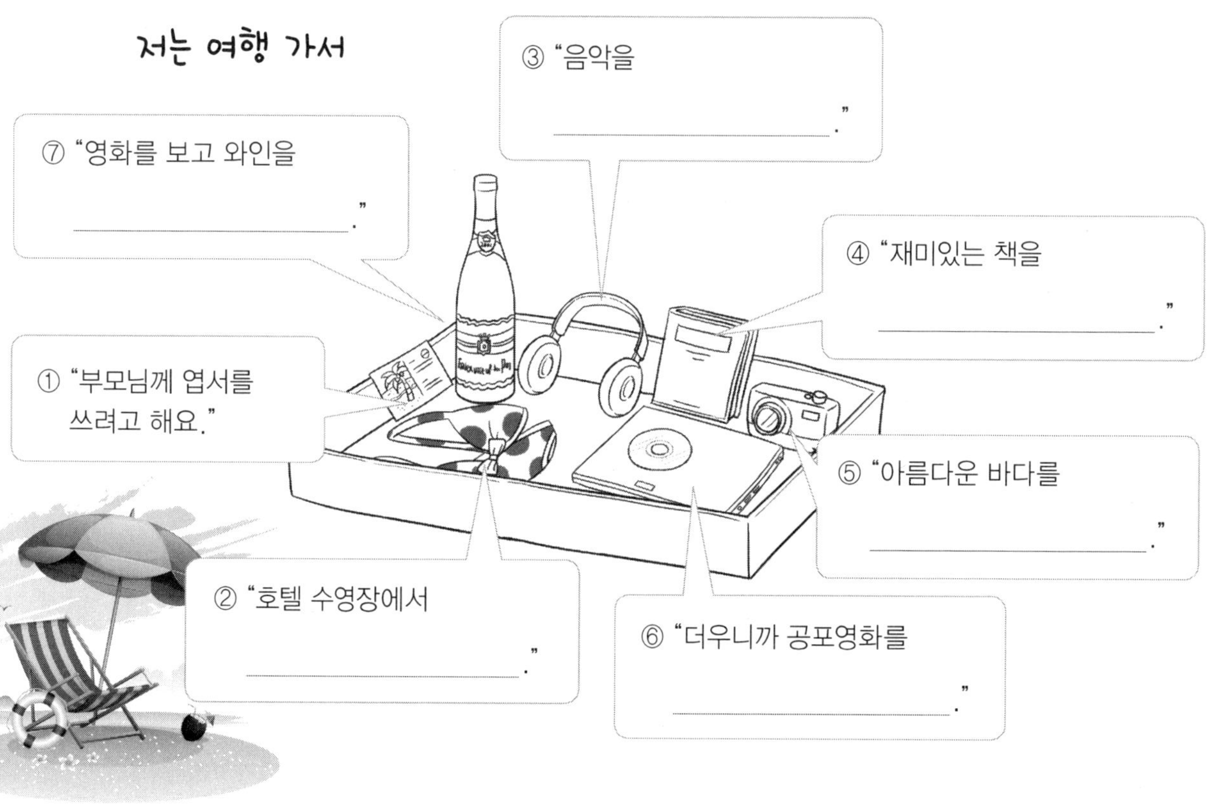

4. ______에 쓰세요.

1) 일요일에 고향 친구와 약속이 있습니다. 우리는 주말마다 만나서 놉니다. 이번 주말에는

극장에서 ________________________________.

2) 내일은 제 친구의 생일입니다. 저는 생일 파티에 초대받았습니다. 저는 친구에게 생일

케이크를 줄 겁니다. 그래서 오늘 저녁에 케이크를 ________________________________.

3) 오늘은 한국어 수업이 있습니다. 저는 한국어 수업에 ________________________________

________________. 그렇지만 아침에 머리가 아파서 수업에 갈 수 없었습니다. 병원에 가야 했습니다.

4) 어제 저는 친구와 테니스를 ________________________________. 그런데 날씨가 더워서

안 쳤습니다. 우리는 카페에 가서 아이스커피를 마셨습니다.

(으)로(수단)

명사	모음 + 로 자음 + 으로 ㄹ받침 + ㄹ	버스 → 버스로 트럭 → 트럭으로 연필 → 연필로

1. 그림을 보고 맞는 것을 보기 에서 찾으세요.

> **보기**
> ① 연필을 칼로 깎아요.
> ② 비누로 손을 씻어요.
> ③ 가위로 머리를 잘라요.
> ④ 포크로 스파게티를 먹어요.

1) 

④

2) 

3) 

4) 

2. 보기 처럼 쓰세요.

> **보기**
> (규진 씨, 버스, 회사)
> → 규진 씨가 버스로 회사에 갑니다.

1) (로안 씨, 비행기, 베트남)

→ _________________________________

2) (로안 씨 가족, 배, 제주도)

→ _________________________________

3) (지우, 고속버스, 할머니 댁)

→ _________________________________

4) (엄마하고 아이, 자전거, 시장)

→ _________________________________

3. _____에 '(으)로'를 쓰세요.

1) 가: 부산에 어떻게 가요?

나: ___________________________________.

2) 가: 로안 씨, 백화점에 어떻게 왔어요?

나: ___________________________________.

3) 가: 동대문 시장에 어떻게 갈 거예요?

나: ___________________________________.

4) 가: 오늘 문화센터에 갈 거예요? 어떻게 갈 거예요?

나: 네, ________________________________.

5) 가: 냉면을 무엇으로 잘라요?

나: ___________________________________.

6) 가: 뭐로 과일을 깎아요?

나: ___________________________________.

7) 가: 손을 씻고 무엇으로 손을 닦아요?

나: ___________________________________.

8) 가: 책에 무엇으로 이름을 썼어요?

나: ___________________________________.

9) 가: 한국 사람들은 무엇으로 밥을 먹어요?

나: 숟가락하고 ____________________________.

10) 가: 무엇으로 이를 닦아요?

나: 치약하고 _____________________________.

29　(으)로(방향)

명사	모음 + 로	위 → 위로
	자음 + 으로	왼쪽 → 왼쪽으로
	ㄹ받침 + ㄹ	서울 → 서울로

1. 그림을 보고 보기 처럼 쓰세요.

보기

(고속버스터미널/오른쪽)

가: 고속버스터미널이 어디에 있어요?

나: 오른쪽으로 가세요.

1) 

(유치원/ 왼쪽)

가: ________________________________?

나: ________________________________.

2) 

(편의점/ 앞)

가: ________________________________?

나: ________________________________.

3) 

(주민센터/ 뒤)

가: ________________________________?

나: ________________________________.

4) 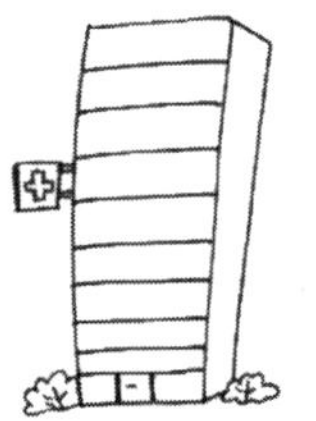

(미용실/ 2층)

가: ________________________________?

나: ________________________________.

5) 

(병원/ 7층)

가: ________________________________?

나: ________________________________.

2. 그림을 보고 보기 처럼 쓰세요.

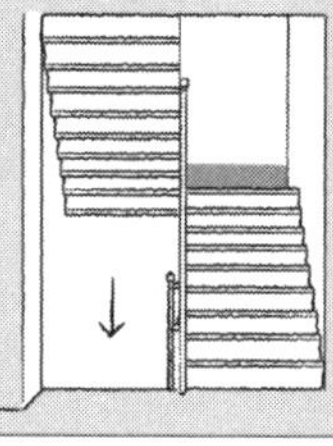

가: 슈퍼마켓이 어디에 있어요?

나: 지하에 있어요. __아래로 내려가세요__. (아래, 내려가다)

1)

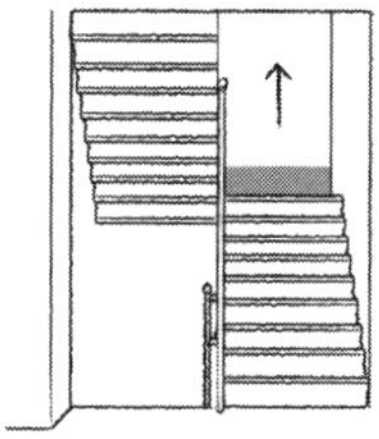

가: 식당이 몇 층에 있어요?

나: 2층에 있어요.

_________________________________. (위, 올라가다)

2)

가: 우체국이 어디에 있어요?

나: _________________________________. (저쪽, 계속, 가다)

3)

가: 사장님이 어디에 계세요?

나: 안에 계세요.

_________________________________. (안, 들어가다)

4)

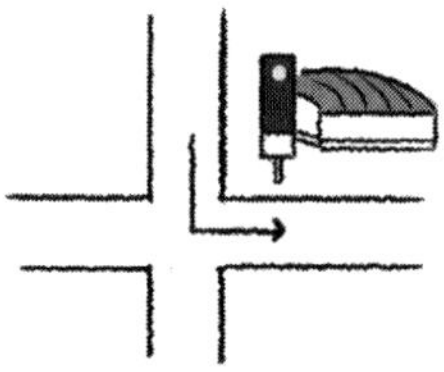

가: 지하철역이 어디에 있어요?

나: _________________________________. (왼쪽, 돌아가다)

5)

가: 실례합니다, 제가 어디에 앉아요?

나: _________________________________. (이쪽, 앉다)

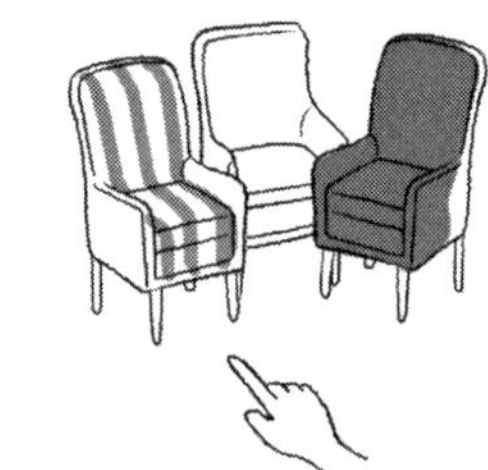

30 (으)로_(선택)

명사	모음 + 로 자음 + 으로 ㄹ받침 + ㄹ	커피 → 커피로 아이스크림 → 아이스크림으로 술 → 술로

1. 그림을 보고 _______에 쓰세요.

2. <u>보기</u>처럼 쓰세요.

1) 가: 차는 뭘로 드시겠어요?

    나: 저는 _____________ 주세요. (녹차)

2) 가: 술은 뭐를 마실까요?

    나: 우리 _____________ 해요. (맥주)

3) 가: 지우야, 아빠가 생일에 피자를 사 줄까, 자장면을 사 줄까?

    나: _____________ 사 주세요. (자장면)

4) 가: 파티에 과일은 뭐로 준비할까요?

    나: _____________ 준비해 주세요. (수박)

5) 가: 로안 씨, 카즈미 씨 생일에 같이 케이크를 만들까요?

    나: 좋아요, 우리 _____________ 만들어요. (치즈케이크)

3. _______에 쓰세요.

한국어 선생님과 학생들이 같이 카페에 갔습니다.

로 안: 선생님, 뭐 드시겠어요?

선생님: 저는 ①_________________________________. (카페라테)

로 안: 저는 ②_________________________________. (오렌지주스)

       카즈미 씨는 뭘로 하시겠어요?

카즈미: 저는 ③_________________________________. (아이스커피)

로 안: 라이언 씨는 ④_________________________________?

라이언: 저는 ⑤_________________________________. (아이스크림)

로 안: 우리 샌드위치도 먹을까요?

모 두: 좋아요. 햄치즈 샌드위치를 먹어요.

31 −(으)면서, −(이)면서

동사, 형용사	모음 + 면서 자음 + 으면서	공부하다 → 공부하면서 작다 → 작으면서
명사	모음 + 면서 자음 + 이면서	의사다 → 의사면서/의사이면서 학생이다 → 학생이면서

1. 표에 '−(으)면서, −(이)면서'를 쓰세요.

기본형	−(으)면서	기본형	−(으)면서
자다		싸다	
읽다	읽으면서	작다	
걷다		크다	
살다		길다	
돕다		춥다	추우면서
청소하다		친절하다	

명사이다	−면서	명사이다	−이면서
주부이다		사장님이다	

2. 그림을 보고 맞는 것을 보기 에서 찾으세요.

보기
① 영화가 무서우면서 재미있습니다.
② 로안 씨가 웃으면서 사진을 찍습니다.
③ 규진 씨가 밥을 먹으면서 신문을 봅니다.
④ 로안 씨가 청소를 하면서 노래를 부릅니다.

1)

①

2)

3)

4)

3. _______에 '–(으)면서'를 쓰세요.

싸다	듣다	울다	잡수시다

1) 가: 손님, 이 티셔츠가 _______________________ 예뻐요.

　　나: 그래요? 그럼 이 티셔츠로 주세요.

2) 가: 지우야, 왜 숙제 안 하고 음악을 들어?

　　나: 아니에요, 엄마. 저는 음악을 _______________________ 숙제해요.

3) 가: 어머님, 빵을 _______________________ 주스도 같이 드세요.

　　나: 그래, 빵하고 주스하고 같이 먹을게.

4) 가: 로안 씨, 지수가 _______________________ 엄마를 찾아요. 빨리 지수한테 가 보세요.

　　나: 우리 딸이 왜 울어요? 지금 어디에 있어요?

4. 그림을 보고 _______에 쓰세요.

1) 

가: 여보, _______________ 휴대폰하지 마세요.
　　위험해요.

나: 알겠어요. 안 할게요.

2) 

가: 지수야, 엄마 좀 늦을 거야. 지금 뭐 해?

나: _______________________________ 놀아요.

3) 

가: 여러분, 이분은 우리 대학교 영어 선생님_______________
　　우리 반 학생이에요. 같이 한국어를 공부할 거예요.

나: 반갑습니다.

–(으)세요, –(이)세요(높임)

동사, 형용사	모음 + 세요	가다 → 가세요, 바쁘다 → 바쁘세요
	자음 + 으세요	읽다 → 읽으세요, 많다 → 많으세요
명사	모음 + 세요	어머니이다 → 어머니세요
	자음 + 이세요	회사원이다 → 회사원이세요

1. 표에 '–(으)세요'를 쓰세요.

기본형	–(으)세요, –(이)세요
사다	사세요
배우다	
만나다	
공부하다	
씻다	
살다	
마시다	
먹다	잡수세요, ____________
있다	있으세요
자다	
할머니이다	
선생님이다	

2. 보기 처럼 쓰세요.

보기

동생이 텔레비전을 봐요. → 할머니께서 텔레비전을 **보세요.**

1) 오빠가 회사에서 일해요.　　→ 아버지께서 회사에서 ____________ .

2) 친구가 한국에 와요.　　→ 아버지께서 한국에 ____________ .

3) 동생이 책을 읽어요.　　→ 할아버지께서 책을 ____________ .

4) 남편은 경찰관이에요.　　→ 아버지는 ____________ .

5) 나는 차가 있어요.　　→ 아버지는 차가 ____________ .

6) 언니가 지금 식당에 있어요.　→ 할아버지께서 지금 식당에 ____________ .

3. 그림을 보고 ______에 쓰세요.

1) 할머니께서 ____.

2) 할아버지 ____.

3) 아버지 ____.

4) 어머니 ____.

5) 아기 ____.

4. ______에 쓰세요.

이분은 우리 어머니세요. 어머니는 베트남 사람① ____________.(이다)

어머니는 베트남에 ② __________.(살다) 어머니 ③ __________(집)은

하노이에 있어요.

어머니는 간호사④ __________.(이다) 병원에서 ⑤ __________.(일하다)

어머니는 한국 음식을 잘 ⑥ ____________.(먹다) 어머니는 한국 식당에 ⑦ __________.(가다)

거기에서 불고기를 ⑧ ____________.(먹다)

어머니는 쇼핑을 ⑨ ____________.(좋아하다) 백화점에서 ⑩ ____________(쇼핑하다).

33　–(으)세요(명령)

동사	모음 + 세요	주다 → 주세요
	자음 + 으세요	닦다 → 닦으세요

1. 표에 '–(으)세요'를 쓰세요.

기본형	–(으)세요	–지 마세요
사다		
쉬다		
배우다		
씻다		
감다		
드시다	드세요	드시지 마세요
주무시다		
샤워하다		

2. 그림을 보고 맞는 것을 보기 에서 찾으세요.

보기

① 엄마, 물 좀 주세요.
② 할머니, 안녕히 주무세요.
③ 종이컵은 이 쓰레기통에 버리세요.
④ 교실에서 전화하지 마세요. 밖에서 하세요.

1) ③　　**2)**　　**3)**　　**4)**

3. 보기처럼 쓰세요.

1) 🙂 : 가족과 같이 영화를 ___________________________________ .

2) 🙂 : 과일은 씻어서 _____________________________________ .

3) 🙂 : 오후 2시부터 4시까지 한국어를 _______________________ .

4) 🙂 : 문화센터에 가서 한국 요리를 ___________________________ .

5) 🙂 : 아침에 일어나서 물을 한 잔 ___________________________ .

6) 🙂 : 시어머니하고 시아버지께 매일 전화를 ___________________ .

7) 🙁 : 밤에 커피를 _______________________________________ .

8) 🙁 : 학교에 와서 숙제를 __________________________________ .

9) 🙁 : 백화점은 비싸요. 백화점에서 과일을 ___________________ .

10) 🙂 : 한국어 수업에 일찍 _________________________________ .

　　　🙁 : 한국어 수업에 늦게 _________________________________ .

4. 남편에게 '-(으)세요', '-지 마세요'를 말하세요.

① _________________________________ . 그리고 ② _________________

_________________ ③ 또 술을 _________________________________ .

34 −(으)ㄴ

| 형용사 | 모음 + ㄴ
자음 + 은
있다/없다 + 는 | 크다 → 큰
작다 → 작은
멋있다/멋없다 → 멋있는/멋없는 |

1. 표에 '−(으)ㄴ'을 쓰세요.

기본형	−(으)ㄴ
싸다	싼
바쁘다	
유명하다	
좋다	
많다	
다르다	
적다	
멀다	먼
가깝다	
덥다	
재미있다	

2. 그림을 보고 ______에 쓰세요.

1) 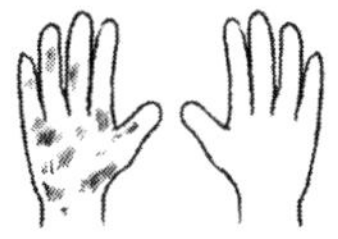

더러운 손

__________ 손

2) 

__________ 학생

__________ 학생

3) 

__________ 아이

__________ 여자

4) 

__________ 방

__________ 방

5) 

__________ 치마

__________ 치마

6) 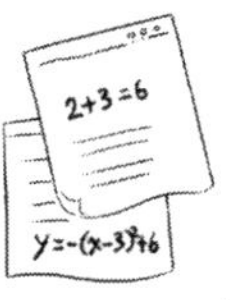

__________ 시험

__________ 시험

7) 

__________ 산

__________ 산

8) 

__________ 불고기

맛없는 찌개

3. 처럼 쓰세요.

> **보기**
>
> 가: 어떤 집에서 살고 싶어요?
>
> 나: **큰 집에서 살고 싶어요**. (크다, 집, 살고 싶다)

1) 가: 어제 뭐 했어요?

  나: _______________________________. (어제, 남편, 재미있다, 영화, 보다)

2) 가: 왜 사람들이 남대문시장에서 옷을 사요?

  나: _______________________________. (남대문시장, 싸다, 옷, 많다)

3) 가: 어떤 남자와 결혼하고 싶어요?

  나: _______________________________. (저, 착하다, 친절하다, 남자, 결혼하다)

4) 가: 그분은 어디에서 왔어요?

  나: _______________________________. (그분, 멀다, 나라, 왔다)

4. _______에 쓰세요.

덥다	많다	크다	싸다	맛있다	예쁘다

우리나라를 소개할게요. 우리나라는 ① __________ 나라예요. 사계절이 있지만 여름에는 아주 더워요. 그리고 비도 많이 와요. 길에는 ② __________ 꽃도 많고, 키가 ③ __________ 나무들도 많아요. 우리나라는 바다가 정말 아름다워요. 그래서 ④ __________ 사람들이 바다를 구경하러 가요. 사람들은 배를 타고 바다를 구경해요.

우리나라에는 ⑤ __________ 음식이 많아요. '쌀국수'는 맛있고 ⑥ __________ 음식이에요. 바다를 구경하고 싶고 쌀국수를 먹고 싶어요? 우리나라로 놀러 가세요!

35 을/를 −아요/어요

명사	모음 + 를 자음 + 을	커피 → 커피를 가방 → 가방을

1. 보기 처럼 ○ 하세요.

> **보기** 저는 한국어(을, 를) 공부합니다.

1) 선생님이 시계(을, 를) 삽니다.

2) 지수가 우유(을, 를) 마십니다.

3) 카즈미 씨가 친구(을, 를) 만납니다.

4) 로안 씨가 과일(을, 를) 먹습니다.

5) 지우가 텔레비전(을, 를) 봅니다.

6) 규진 씨가 방(을, 를) 청소합니다.

동사, 형용사	ㅏ, ㅗ + 아요 ㅓ, ㅜ, ㅣ 등 + 어요	가다 → 가요 먹다 → 먹어요

2. 표에 '−아요/어요'를 쓰세요.

기본형	−아요/어요
사다	
보다	
마시다	마셔요
읽다	
씻다	
만들다	
일하다	
빨래하다	

3. 그림을 보고 보기 처럼 쓰세요.

가: 로안 씨가 무엇을 해요?

나: 로안 씨가 손을 씻어요.

1)

가: 지우가 뭐를 해요?

나: ____.

2)

가: 규진 씨가 무엇을 해요?

나: ____.

3)

가: 지수가 무엇을 해요?

나: ____.

4)

가: 카즈미 씨가 무엇을 해요?

나: ____.

5)

가: 로안 씨가 무엇을 해요?

나: ____.

6)

가: 요리사가 뭐 해요?

나: ____.

–(으)ㄹ 거예요(미래)

동사	모음 + ㄹ 거예요	가다 → 갈 거예요
	자음 + 을 거예요	먹다 → 먹을 거예요

1. 표에 '–(으)ㄹ 거예요'를 쓰세요.

기본형	–(으)ㄹ 거예요	–(으)ㄹ 겁니다
자다		
끄다		
쉬다		
마시다		마실 겁니다
입다	입을 거예요	
걷다		
살다		
공부하다		
드리다		
주무시다		

2. 보기처럼 ______에 쓰세요.

> **보기** 피곤해요. 오늘 일찍 잘 거예요. (일찍, 자다)

1) 다음 주부터 학원에서 ________________________________. (운전, 배우다)

2) 내일 도서관에서 ________________________________. (책, 읽다)

3) 한국 노래를 좋아해요. ________________________________. (한국 노래, 듣다)

4) 가족이 불고기를 좋아해요. 저녁에 ________________________________. (불고기, 만들다)

5) 오늘 밤에 부모님께 ________________________________. (편지, 쓰다)

6) 오늘 저녁에 친구가 ________________________________. (우리 집, 오다)

3. _____에 쓰세요.

5월						
일요일	월요일	화요일	수요일	목요일	금요일	토요일
2 오늘	3	4	5 어린이날	6	7	8 어버이날

오늘은 5월 2일 일요일이에요. 로안 씨는 내일 친구를 ①________________________.

친구하고 ②_________________. 로안 씨는 모레 수영장에서 ③_______________

_________. 5월 5일 수요일은 어린이날이에요. 로안 씨는 아이들과 놀이공원에

④________________. 놀이공원에서 아이들과 ⑤________________. 목요일에는

남편하고 ⑥________________. 5월 8일은 '어버이날'이에요. 그래서 금요일에 백화점에

⑦________________. 백화점에서 선물을 ⑧______________. 토요일에 부모님하고

⑨_____________. 부모님께 ⑩________________________.

4. 질문에 대답하세요.

1) 가: 내일 뭐 할 거예요?

　　나: ___________________________________.

2) 가: 이번 주말에 뭐 할 거예요?

　　나: ___________________________________.

3) 가: 설날에 뭐 할 거예요?

　　나: ___________________________________.

4) 가: 내년에 뭐 할 거예요?

　　나: ___________________________________.

(아마) –(으)ㄹ 거예요(추측)

동사, 형용사	모음 + ㄹ 거예요	가다 → 갈 거예요	크다 → 클 거예요
	자음 + 을 거예요	먹다 → 먹을 거예요	작다 → 작을 거예요
명사	모음 + 일 거예요	의사이다 → 의사일 거예요	
	자음 + 일 거예요	학생이다 → 학생일 거예요	

1. 표에 '–(으)ㄹ 거예요'를 쓰세요.

기본형	–(으)ㄹ 거예요	–았/었을 거예요
오다		왔을 거예요
씻다	씻을 거예요	
듣다		
살다		
모르다		
일하다		
계시다		
예쁘다		
춥다		
없다		
요리사이다		

2. 그림을 보고 맞는 것을 보기 에서 찾으세요.

보기
① 저 사람은 부자일 거예요.
② 아마 부인도 좋아할 거예요.
③ 이 식당 음식이 맛있을 거예요.
④ 지금 밤 11시니까 아마 문을 닫았을 거예요.

1)   2)   3)   4)

1) ③

3. 보기 처럼 _______에 쓰세요.

> **보기**
>
> 아마 <u>중국어 선생님일</u> 거예요.
> (중국어 선생님이다)

1) 저 코트가 _______________________________.
(비싸다)

2) 키도 크고 멋있으니까 _______________________.
(여자 친구, 있다)

3) 지금 친구들과 _______________________.
(술, 마시다)

4) 이 약을 드세요.
밤에 _______________________________.
(잘 잘 수 있다)

4. _______에 '-(으)ㄹ 거예요'를 쓰세요.

1) 가: 로안 씨, 조연 씨 전화번호를 알아요?

나: 저는 잘 몰라요. 아마 카즈미 씨가 _______________. 카즈미 씨한테 물어 보세요.

2) 가: 설날에 부산에 갈 거예요. 서울에서 부산까지 버스로 시간이 얼마나 걸려요?

나: 보통은 4시간쯤 걸리지만 설날이라서 차가 많으니까 6시간쯤 _______________.

3) 가: 여보, 오늘 일찍 들어와요?

나: 글쎄요, 월요일이라서 일이 _______________________. 먼저 저녁 먹어요.

4) 가: 김 선생님이 결혼했어요?

나: 휴대폰에 아이 사진이 있었어요. 아마 _______________________.

–(으)ㄹ 수 있다/없다

동사	모음 + ㄹ 수 있다/없다	가다 → 갈 수 있어요/없어요
	자음 + 을 수 있다/없다	먹다 → 먹을 수 있어요/없어요

1. 표에 '–(으)ㄹ 수 있다/없다'를 쓰세요.

기본형	–(으)ㄹ 수 있어요	–(으)ㄹ 수 없어요	–(으)ㄹ 수 있었어요	–(으)ㄹ 수 없었어요
타다	탈 수 있어요	탈 수 없어요		
쓰다				
보다				
부르다				
읽다				
듣다				
돕다			도울 수 있었어요	도울 수 없었어요
만들다				
수영하다				

2. 그림을 보고 ______에 '–(으)ㄹ 수 있다/없다'를 쓰세요.

1)

___________________________________ .

그렇지만 ______________________________ .

2)

___________________________________ .

그렇지만 ______________________________ .

3)

___________________________________ .

그렇지만 ______________________________ .

4)

___________________________________ .

그렇지만 ______________________________ .

5)

___________________________________ .

그렇지만 ______________________________ .

3. 보기 처럼 쓰세요.

> **보기**
>
> - 운전을 배웠어요. 그래서 **운전할 수 있어요**. (운전하다)
> - 술을 마셨어요. 그래서 **운전할 수 없어요**. (운전하다)

1) 한국 노래를 많이 들었어요. 그래서 _______________________. (한국 노래, 부르다)

2) 일본에서 1년 살았어요. 그래서 _______________________. (일본말, 하다)

3) 다리가 아파요. 그래서 _______________________. (걷다)

4) 공원이 가까워요. _______________________. (자전거, 가다)

5) 어제 커피를 많이 마셨어요. 그래서 어제 밤에 _______________________. (자다)

6) 어제 많이 바빴어요, 그래서 _______________________. (숙제하다)

4. ______ 에 쓰세요.

> **이것을 할 수 있어요!**
>
> 저는 _______________________.
>
> 그리고 _______________________.
>
> 그리고 _______________________.

> **이것을 할 수 없어요!**
>
> 저는 _______________________.
>
> 그리고 _______________________.
>
> 그리고 _______________________.

–(으)ㄹ게요

동사	모음 + ㄹ게요	가다 → 갈게요
	자음 + 을게요	먹다 → 먹을게요

1. 표에 '–(으)ㄹ게요'를 쓰세요.

기본형	–(으)ㄹ게요	–지 않을게요
자다		
오다		
끄다		
기다리다		
앉다		
닫다		
듣다	들을게요	듣지 않을게요
돕다		
열다		
이야기하다		

2. 보기 처럼 ______에 '–(으)ㄹ게요'를 쓰세요.

> **보기**
>
> 가: 여보, 담배를 피우지 마세요.
>
> 나: 알았어요. 담배를 **끊을게요**. (끊다)

1) 가: 뭘 드시겠어요?

　　나: 저는 ________________________________. (비빔밥을 먹다)

2) 가: 내일 손님이 오세요. 청소도 해야 해요. 요리도 해야 해요.

　　나: 내가 ________________________________. (청소하다)

3) 가: 선생님, 이것 좀 가르쳐 주세요.

　　나: 그래, 내가 ________________________________. (가르쳐 주다)

4) 가: 지수야, 컴퓨터 게임 많이 하지 마!

　　나: 네, 엄마. 컴퓨터 게임을 ________________________________. (하지 않다)

3. 그림을 보고 ______에 '–(으)ㄹ게요, –지 않을게요'를 쓰세요.

| 들어 드리다 | 설거지해 주다 | 문을 열어 드리다 |
| 술 마시다 | 요리해 주다 | 일찍 들어오다 |

1) 여보, 내일부터 _______________________________.

   그리고 집에 _______________________________.

2) 수지 씨, 내가 매일 _______________________________.

   그리고 _______________________________.

3) 할머니, _______________________________.

   가방도 _______________________________.

4. 내일은 선생님의 생일입니다. 그래서 학생들이 생일파티를 할 겁니다. ______에 '–(으)ㄹ게요'
   를 쓰세요.

| 케이크를 만들다 | 과일을 준비하다 | 노래를 부르다 | 사진을 찍다 |
| 꽃을 사오다 | 카드를 쓰다 | | |

로 안: 내일 선생님 생일이에요.
        우리 같이 파티를 해요.
        제가 케이크를 만들게요.

조 연: 제가 ① _______________________________.

후 엔: 제가 ② _______________________________.

수 지: 저는 ③ _______________________________.

카즈미: 저는 ④ _______________________________.

푸 잉: 그럼 저는 ⑤ _______________________________.

–(으)ㄹ까요?

동사	모음 + ㄹ까요? 자음 + 을까요?	가다 → 갈까요? 먹다 → 먹을까요?

1. 표에 '–(으)ㄹ까요?'를 쓰세요.

기본형	ㄹ까요?	기본형	을까요?
사다	살까요?	씻다	
보다		읽다	
마시다		닦다	닦을까요?
쉬다		찍다	
추다		듣다	
쇼핑하다		걷다	

2. 그림을 보고 맞는 것을 보기 에서 찾으세요.

보기
① 같이 사진을 찍을까요?
② 같이 음악을 들을까요?
③ 우리 같이 영화를 볼까요?
④ 같이 노래방에 가서 노래할까요?

1) 

___①___

2) 

______

3) 

______

4) 

______

3. _______에 '-(으)ㄹ까요?'를 쓰세요.

가다	쉬다	만나다	산책하다	이야기하다

1) 가: 주말에 같이 놀이공원에 _________________?

   나: 네, 좋아요. 같이 가요.

2) 가: 1시에 _________________?

   나: 1시에 약속이 있어요. 3시에 만나요.

3) 가: 어디에서 _________________?

   나: 커피숍에서 이야기해요.

4) 가: 우리 잠깐 _________________?

   나: 네, 좋아요. 10분 쉬고 다시 공부해요.

5) 가: 점심 먹고 공원에서 _________________?

   나: 좋아요. 공원이 여기에서 가까워요.

4. _______에 '-(으)ㄹ까요?'를 쓰세요.

규진: 여보, 우리 여름휴가에 어디에 ①___________? (가다)

   부산에 ②___________(가다), 제주도에 ③___________? (가다)

로안: 부산에 가요. 나는 부산에 안 갔어요.

규진: 그래요. 고속버스를 ④___________(타고 가다)?

로안: 아니요, KTX를 타고 가요. KTX가 빨라요.

규진: 좋아요. 그럼 우리 부산에 가서 뭐 ⑤___________? (하다)

로안: 낮에 바다에서 수영을 하고 밤에는 배를 타요.

규진: 무엇을 ⑥___________? (먹다)

로안: 생선회를 먹어요.

41 이/가 아닙니다

명사	모음 + 가 아닙니다	의자 → 의자가 아닙니다
	자음 + 이 아닙니다	책상 → 책상이 아닙니다

1. 그림을 보고 ______ 에 쓰세요.

1)

가: 한국 사람입니까?

나: 아니요, 한국 사람___ _________.

2)

가: 베트남 사람입니까?

나: 아니요, 베트남 사람___ _________.

3)

가: 일본 사람입니까?

나: 아니요, _________ _____________.

4)

가: 친구입니까?

나: 아니요, _________ _____________.

5)

가: 간호사입니까?

나: 아니요, _________ _____________.
　　 의사입니다.

6)

가: 학생입니까?

나: 아니요, _________ _____________.
　　 선생님입니다.

7)

가: 아들입니까?

나: 아니요, _________ _____________.
　　 딸입니다.

8)

가: 어머니입니까?

나: 아니요, _________ _____________.
　　 아내입니다.

2. _______에 '이/가 아닙니다?'를 쓰세요.

가: 이것은 텔레비전입니까?

나: 아니요, 텔레비전이 아닙니다.
컴퓨터입니다.

1)

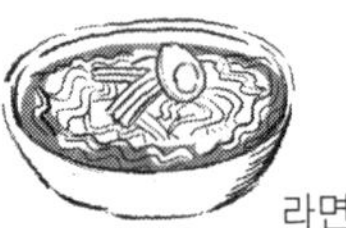

라면

가: 이것은 김치입니까?

나: 아니요, ________________ ________________ .

________________ .

2)

가: 이것은 볼펜입니까?

나: 아니요, ________________ ________________ .

________________ .

3)

가: 이것은 책입니까?

나: 아니요, ________________ ________________ .

________________ .

3. _______에 쓰세요.

가: 안녕하세요?

나: 안녕하세요?

가: 이름이 무엇입니까?

나: ① ________________ .

가: 한국 사람입니까?

나: 아니요, ② ________________ .

저는 ③ ________________ .

가: 만나서 반가워요.

나: 만나서 반가워요.

이/가 있다/없다, 에 있다/없다

명사	모음 + 가 있다/없다	시계 → 시계가 있다/없다
	자음 + 이 있다/없다	가방 → 가방이 있다/없다

1. ______에 '이/가 있다/없다'를 쓰세요.

㉧ 책 차 개 시계 소파 우산 가방 침대 책상
아기 컴퓨터 전화기 고양이 냉장고 라디오 텔레비전 한국 친구

있다

저는 책이 있습니다.
- ________________________
- ________________________
- ________________________

없다

저는 __________ 가/이 없습니다.
- ________________________
- ________________________
- ________________________

2. 그림을 보고 맞는 것을 보기 에서 찾으세요.

보기
① 개가 집 밖에 있어요.
② 책이 가방 왼쪽에 있어요.
③ 로안 씨가 나무 뒤에 있어요.
④ 연필이 가방 오른쪽에 있어요.

1)

④

2)

____

3)

____

4)

____

3. _______에 쓰세요.

1) 가: 개가 어디에 있습니까?

나: 소파 ____________에 있습니다.

2) 가: 수박이 어디에 있습니까?

나: 냉장고 ____________에 있습니다.

3) 가: 침대가 어디에 있습니까?

나: 옷장 ____________에 있습니다.

4) 가: 책상 ____________에 무엇이 있습니까?

나: 책상 ____________에 책이 있습니다.

5) 가: 의자가 책상 뒤에 있습니까?

나: 아니요, 의자가 책상 ________________________________.

6) 가: 거실에 식탁이 있습니까?

나: ________________________________.

7) 가: 식탁이 어디에 있습니까?

나: ________________________________.

8) 가: 식탁 위에 무엇이 있습니까?

나: ________________________________.

선생님 의견대로 해 봤는데 5~8번 때문에
그림 크기가 더 커지지 않습니다.

43   –이에요/예요, 은/는

명사	모음 + 예요 자음 + 이에요	의자 → 의자예요 가방 → 가방이에요
명사	모음 + 는 자음 + 은	어머니 → 어머니는 선생님 → 선생님은

1. 그림을 보고 ______에 쓰세요.

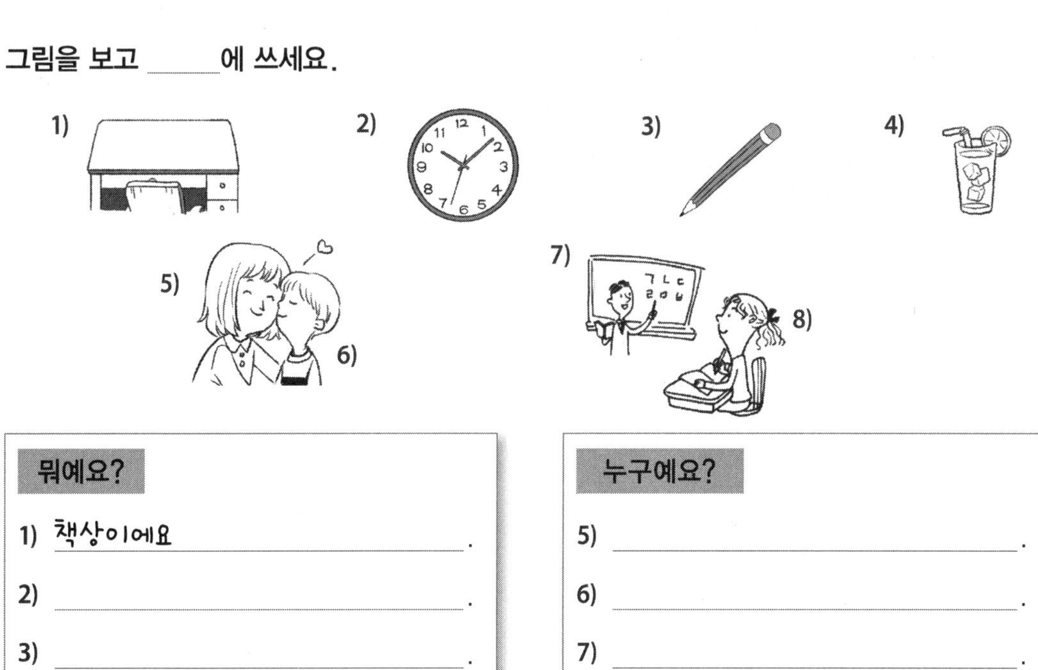

뭐예요?	
1) 책상이에요 .	
2) _____________________________.	
3) _____________________________.	
4) _____________________________.	

누구예요?	
5) _____________________________.	
6) _____________________________.	
7) _____________________________.	
8) _____________________________.	

2. ______에 '은', '는'을 쓰세요.

1) 이것_은_ 가방이에요.

2) 저것______ 책이에요.

3) 저______ 중국 사람이에요

4) 이분______ 가수예요.

5) 아버지______ 의사예요.

3. 그림을 보고 ______에 쓰세요.

1) 가: 이건 뭐예요?

    나: _______________________________________.

2) 가: 저건 뭐예요?

    나: _______________________________________.

3) 가: 그건 뭐예요?

    나: _______________________________________.

4) 가: 이분은 누구세요?

    나: _______________________________________.

5) 가: 저분은 누구세요?

    나: _______________________________________.

4. 그림을 보고 ______에 쓰세요.

1) ____.

2) ____.

3) ____.

4) ____.

–(이)ㄴ데요

명사	모음 + ㄴ데요/인데요 자음 + 인데요	어머니 → 어머닌데요/어머니인데요 선생님 → 선생님인데요

1. 그림을 보고 맞는 것을 보기 에서 찾으세요.

> 보기
> ① 전데요
> ② 이거 김밥인데요.
> ③ 엄마, 제 친구인데요.

1)

_____ ③

2)

_____

3)

_____

2. _____에 '–(이)ㄴ데요'를 쓰세요.

1) 가: 오늘이 토요일이에요?

나: ____. (금요일)

2) 가: 지우야, 너 지금 어디야?

나: ____. (학교)

3) 가: 밤에 커피를 마시지 마세요.

나: 이거 _________________________________. (콜라)

4) 가: 로안 씨, 내일 약속이 여섯 시지요?

나: 아니요, _______________________________. (여덟 시)

3. 처럼 _____에 '-(이)ㄴ데요'를 쓰세요.

> **보기**
>
> 가: 이분이 누구예요?
>
> 나: 제 남편인데요. (남편)

1) 가: 지금 몇 시예요?

　　나: ____. (9:00)

2) 가: 댁이 어디세요?

　　나: ____. (신촌)

3) 가: 이 음식이 뭐예요?

　　나: ____. (만두)

4) 가: 취미가 뭐예요?

　　나: ____. (등산)

5) 가: 이거 누구 휴대폰이에요?

　　나: ____. (제 휴대폰)

6) 가: 무슨 일을 해요?

　　나: ____. (요리사)

7) 가: 사과가 얼마예요?

　　나: ____. (한 개에 1,500원)

8) 가: 아이가 몇 살이에요?

　　나: ____. (9살)

9) 가: 고향이 어디예요?

　　나: ____. (하노이)

10) 가: 가족이 몇 명이야?

　　나: ____. (네 명)

−입니다, −입니까?

명사	+ 입니다 + 입니까?	한국 사람이다 → 한국 사람입니다 한국 사람이다 → 한국 사람입니까?

1. 그림을 보고 ______에 쓰세요.

1) 

가: 한국 사람입니까?

나: 네, 한국 사람______________.

2) 

가: 베트남 사람입니까?

나: 네, 베트남 사람______________.

3) 

가: 중국 사람입니까?

나: 네, ______________.

4) 

가: 태국 사람입니까?

나: 네, ______________.

5) 

가: 필리핀 사람______________?

나: 네, ______________.

6) 

가: 미국 사람______________?

나: 네, ______________.

7) 

가: 러시아 사람______________?

나: 네, ______________.

8) 

가: 일본 사람______________?

나: 네, ______________.

2. 그림을 보고 ______에 쓰세요.

1)

가: 친구입니까?

나: 네, _______________________.

2)

가: 꽃_______________________?

나: 네, _______________________.

3)

가: 이것은 쓰레기통입니까?

나: 네, 이것은 _______________.

4)

가: 저것은 의자_______________?

나: 네, 저것은 _______________.

5)

가: 저것은 _______________________?

나: 네, _______________ _______________.

6)

가: 이것은 _______________________?

나: 네, _______________ _______________.

7)

가: 이것은 _______________________?

나: 네, _______________________.

8)

가: 이것은 _______________________?

나: 네, _______________________.

9)

가: 로안 씨입니까?

나: 네, 저는 _______________________.

10)

가: 저분이 _______________________?

나: 네, 저분이 _______________________.

46   ─지 않다

| 동사 | + 지 않다 | 가다 → 가지 않다 |
| 형용사 | + 지 않다 | 아프다 → 아프지 않다 |

1. 표에 '─지 않다'를 쓰세요.

기본형	─지 않아요	─지 않습니다
오다	오지 않아요	
바쁘다		
짧다		
만들다		
공부하다		
드시다		드시지 않습니다
주무시다		

2. 그림을 보고 맞는 것을 보기 에서 찾으세요.

> **보기**
> ① 지우가 공부하지 않아요.
> ② 옷이 비싸지 않아요. 옷이 싸요.
> ③ 지수가 크지 않아요. 지수의 키가 작아요.
> ④ 규진 씨가 술을 마시지 않아요. 주스를 마셔요.

1)

③

2)

3)

4)

3. 보기 처럼 쓰세요.

> **보기**
>
> 아파요? → 아니요, **아프지 않아요.**

1) 여기에 살아요?   → 아니요, ________________________________ .

2) 밥을 먹어요?   → 아니요, ________________________________ .

3) 커피를 마셔요?   → 아니요, ________________________________ .

4) 친구가 많아요?   → 아니요, ________________________________ .

5) 딸이 방을 청소해요?   → 아니요, ________________________________ .

6) 할머니께서 댁에 계세요? → 아니요, ________________________________ .

4. ______에 '–지 않다'를 쓰세요.

1) 가: 카즈미 씨, 지금 드라마를 봐요?

    나: 아니요, ____ .

2) 가: 지금 아들이 친구하고 놀아요?

    나: 아니요, 동생하고 놀아요. 친구하고 ________________________ .

3) 가: 로안 씨, 오늘 바빠요?

    나: 아니요, ______________________________________ . 왜요?

4) 가: 카즈미 씨가 커요, 로안 씨가 커요?

    나: 로안 씨가 커요. 카즈미 씨가 ________________________ .

5) 가: 선생님이 지금 커피를 드세요?

    나: 아니요, 커피를 ____________________ . 우유를 드세요.

동사, 형용사		+ 지만	바쁘다 → 바쁘지만
명사	모음	+ 지만	의사이다 → 의사지만
	자음	+ 이지만	학생이다 → 학생이지만

1. 표에 '−지만'을 쓰세요.

기본형	−지만, −(이)지만
자다	
보다	
좋다	
감다	
마시다	
샤워하다	
아빠이다	아빠지만
아들이다	

2. 그림을 보고 맞는 문장을 연결하세요.

1)  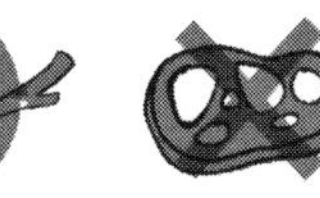   •

   • 뉴스는 보지만 드라마는 보지 않아요.

2)     •

   • 야채는 있지만 고기는 없어요.

3)     •

   • 로안 씨는 베트남 사람이지만 남편은
   한국 사람이에요.

3. 보기 처럼 쓰세요..

1) (시장  : 싸다 / 백화점  : 비싸다)

→ ____ .

2) (여자 친구  : 많다 / 남자 친구  : 없다)

→ ____ .

3) (소고기  : 먹다 / 돼지고기  : 먹지 않다)

→ ____ .

4) (거실  : 크다 / 안방  : 작다)

→ ____ .

5) (남편 옷  : 시장에서 사다 / 딸 옷  : 백화점에서 사다)

→ ____ .

6) (고기  : 좋아하다 / 야채 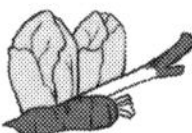 : 싫어하다)

→ ____ .

7) (사과  : 1,500원이다 / 수박  : 11,500원이다)

→ ____ .

8) (딸  : 머리가 길다 / 아들:  머리가 짧다)

→ ____ .

48   -지요?, -(이)지요?

동사, 형용사(현재)	+ 지요?	배우다 → 배우지요?
동사, 형용사(과거)	+ 았/었지요?	가다 → 갔지요?

명사(현재)	모음 + 지요? 자음 + 이지요?	피자이다 → 피자지요? 김밥이다 → 김밥이지요?
명사(과거)	모음 + 였지요? 자음 + 이었지요?	피자이다 → 피자였지요? 김밥이다 → 김밥이었지요?

1. 표에 '-지요?, (이)지요?'를 쓰세요.

기본형	-지요?	기본형	-지요?	기본형	-았/었지요?
보다		크다		쓰다	썼지요?
받다		아프다		씻다	
쓰다		좋다		듣다	
걷다		싱겁다	싱겁지요?	춥다	
돕다	돕지요?	멀다		달다	
공부하다		없다		재미있다	

명사이다	-지요?	명사이다	-이지요?	명사이다	-였/이었지요?
기차이다		지하철이다		주말이다	주말이었지요?

2. 맞는 것에 ◯ 하세요.

1) 오늘이 금요일(지요/ 이지요)?

2) 로안 씨 생일이 7월(지요/ 이지요)?

3) 거기 서울문화센터(지요/ 이지요)?

4) 저게 마을버스(지요/ 이지요)?

5) 로안 씨는 베트남 사람(지요/ 이지요)?

6) 여기가 학교(지요/ 이지요)?

7) 이 아이스크림이 하나에 천 원(지요/ 이지요)?

8) 로안 씨 아들 지우가 9살(지요/ 이지요)?

3. _____에 '-지요?, -(이)지요?'를 쓰세요.

1) 가: 로안 씨, 아파트에 _________________________?

   나: 네, 저는 한강아파트에 살아요.

2) 가: 우체국이 여기에서 _________________________?

   나: 네, 가까워요.

3) 가: 로안 씨, 한국 노래를 _________________________?

   나: 네, 저는 매일 집에서 한국 노래를 들어요.

4) 가: 김치찌개가 _________________________?

   나: 네, 매워요. 물 좀 주세요.

5) 가: 오늘 숙제 65쪽까지 _________________________?

   나: 맞아요, 65쪽까지 해야 해요.

6) 가: 로안 씨, 남편이 지금 집에 _________________________?

   나: 네, 회사에 갔어요.

4. **보기** 처럼 '-았/었지요?'를 쓰세요.

> **보기**
> (그저께, 가다, 다문화센터)
> → 그저께 다문화센터에 **갔지요**?

1) (작년 1월, 오다, 한국)

   → _________________________?

2) (어제, 화요일이다)

   → _________________________?

3) (아침, 청소하다, 방)

   → _________________________?

4) (지난 주말, 보다, 극장, 영화)

   → _________________________?

5) (지난 16일, 가다, 기차, 부산)

   → _________________________?

정답

정답

01 -겠-

1.

기본형	-겠어요	-지 않겠어요
자다	자겠어요	자지 않겠어요
쉬다	쉬겠어요	쉬지 않겠어요
만나다	만나겠어요	만나지 않겠어요
읽다	읽겠어요	읽지 않겠어요
씻다	씻겠어요	씻지 않겠어요
만들다	만들겠어요	만들지 않겠어요
청소하다	청소하겠어요	청소하지 않겠어요

2. 2) ③ 3) ④ 4) ②

3. ① 한국어를 배우겠어요 ② 여행을 하겠어요 ③ 고향에 가겠어요

4. 1) 영화를 보겠어요 2) 불고기를 먹겠어요 3) 집을 사겠어요
   4) 친구를 만나겠어요 5) 마시지 않겠어요.

02 -고 (순차)

1. 1) 청소하고 쉬어요 2) 밥을 먹고 이를 닦아요 3) 친구 집에 전화하고 가요

2. 2) 뽀뽀하고 자요 3) 손을 씻고 밥을 먹어요 4) 창문을 열고 청소해요
   5) 치마를 입고 스타킹을 신어요 6) 1급을 배우고 2급을 배워요

3. ① 끝나고 ② 먹고 ③ 산책하고
   ④ 샤워하고 ⑤ 숙제하고

4. 생략

03 -고 (나열)

1. 1) 베트남 사람이고, 일본 사람이에요 2) 공부하고, 텔레비전을 봐요
   3) 밥을 먹고 커피도 마셨어요 4) 담배도 끊고 운동도 하겠어요/할 거예요

2. 1) 싸고 예뻐요 2) 맵고 짜요 3) 달고 맛있어요
   4) 쉽고 재미있어요

3. 1) 하고 2) 만들고 3) 보고, 찍었어요
   4) 만나고, 먹을 거예요

4. 생략

1.

기본형	–고 싶어요	–고 싶지 않아요
보다	보고 싶어요	보고 싶지 않아요
쓰다	쓰고 싶어요	쓰고 싶지 않아요
받다	받고 싶어요	받고 싶지 않아요
걷다	걷고 싶어요	걷고 싶지 않아요
돕다	돕고 싶어요	돕고 싶지 않아요
만들다	만들고 싶어요	만들고 싶지 않아요
운동하다	운동하고 싶어요	운동하고 싶지 않아요

2. 2) ③   3) ④   4) ②

3. 1) 생략   2) 부르고 싶어요   3) 먹고 싶어요

     4) 생략   5) 살고 싶어요   6) 생략

     7) 생략   8) 끊고 싶지 않아요

4. ① 사고 싶어요   ② 살고 싶어요   ③ 치고 싶어요/ 배우고 싶어요

     ④ 결혼하고 싶어요   ⑤ 가고 싶어요   ⑥ 자고 싶어요

     ⑦ 등산하고 싶어요   ⑧ 생략

1. 2) 하고   3) 하고   4) 과일하고 꽃

     5) 밥하고 김치를 먹어요   6) 우유하고 커피를 마셔요

2. 1) 과   2) 과   3) 와

     4) 과   5) 와

3. 1) 지우개와 필통이 있어요   2) 휴대폰과 지갑이 있어요   3) 칠판과 쓰레기통이 있어요

     4) 김치와 라면을 먹어요   5) 여동생과 남동생이 있어요.

4. 생략

1. 1) 도   2) 도   3) 도 맛있어요

     4) 책상이 있어요, 침대도 있어요   5) 자요, 아기도 자요

2. 1) 딸도 있어요 2) 내일도 있어요   3) 친구도 만나요   4) 시장에서도 사요

     5) 토요일에도 가지 않아요

3. 1) 만   2) 만   3) 만

     4) 만   5) 만

4. 1) 도 베트남 사람이에요   2) 조연 씨도   3) 선생님하고 조연 씨도

     4) 만   5) 주스를 마셔요   6) 선생님만

1. 1) 동안　　2) 동안　　3) 동안
　　4) 동안　　5) 동안　　6) 동안
　　7) 동안　　8) 동안　　9) 동안
2. 1) 몇 시간 동안　　2) 몇 년 동안　　3) 몇 분 동안
　　4) 며칠 동안　　5) 몇 달 동안
3. 생략

08 무슨

1. 무슨
2. 1) 무슨 과일을 좋아해요　　2) 무슨 옷을 입을 거예요　　3) 무슨 색이에요
　　4) 무슨 요일에
3. 1) 어제 무슨 영화를 봤어요　　2) 무슨 계절을 좋아해요　　3) 무슨 요일에 문화센터에 가요
　　4) 무슨 운동을 잘해요
4. 생략

09 부터 ~ 까지

1. 2) 여덟 시예요　　3) 열한 시 십오 분이에요　　4) 일곱 시 오 분이에요
　　5) 네 시 이십 분이에요　　6) 열두 시 십 분이에요
　　7) 세 시 삼십 분이에요, 세 시 반이에요
　　8) 두 시 오십오 분이에요, 세 시 오 분 전이에요
2. 1) 오후 한 시부터 세 시까지　　2) 밤 열두 시부터 아침 일곱 시까지　　3) 월요일부터 금요일까지
　　4) 유월부터 시월까지　　5) 올해부터 내년까지
3. 2) 아홉 시부터 열한 시까지 한국어를 배워요
　　3) 오후 한 시부터 두 시까지 친구와 커피를 마셔요
　　4) 세 시부터 다섯 시까지 운동해요　　5) 여섯 시부터 일곱 시까지 저녁을 먹어요
　　6) 아홉 시 삼십 분 부터 열한 시까지 (가족들과) 텔레비전을 봐요
4. 생략

10 불규칙 동사

1.

'ㄷ'규칙	-아요/어요	-았/었어요	-습니다/ㅂ니다	-았/었습니다	-(으)세요
닫다	닫아요	닫았어요	닫습니다	닫았습니다	닫으세요
받다	받아요	받았어요	받습니다	받았습니다	받으세요

'ㄷ'불규칙	-아요/어요	-았/었어요	-습니다/ㅂ니다	-았/었습니다	-(으)세요
듣다	들어요	들었어요	듣습니다	들었습니다	들으세요
걷다	걸어요	걸었어요	걷습니다	걸었습니다	걸으세요

1) 닫아요/닫습니다　　　　　2) 받았어요/받았습니다　　　　　3) 걸었어요/걸었습니다

4) 들으세요

2.

'ㅂ'규칙	-아요/어요	-았/었어요	-습니다/ㅂ니다	-았/었습니다	-(으)세요
입다	입어요	입었어요	입습니다	입었습니다	입으세요
좁다	좁아요	좁았어요	좁습니다	좁았습니다	

'ㅂ'불규칙	-아요/어요	-았/었어요	-습니다/ㅂ니다	-았/었습니다	-(으)세요
돕다	도와요	도왔어요	돕습니다	도왔습니다	도우세요
쉽다	쉬워요	쉬웠어요	쉽습니다	쉬웠습니다	
어렵다	어려워요	어려웠어요	어렵습니다	어려웠습니다	
맵다	매워요	매웠어요	맵습니다	매웠습니다	
싱겁다	싱거워요	싱거웠어요	싱겁습니다	싱거웠습니다	

1) 입었어요　　　　　2) 좁아요　　　　　3) 어려워요, 쉬워요　　　　　4) 매웠어요

3.

'으'탈락	-아요/어요	-았/었어요	-습니다/ㅂ니다	-았/었습니다	-(으)세요
쓰다	써요	썼어요	씁니다	썼습니다	쓰세요
끄다	꺼요	껐어요	끕니다	껐습니다	끄세요
바쁘다	바빠요	바빴어요	바쁩니다	바빴습니다	
예쁘다	예뻐요	예뻤어요	예쁩니다	예뻤습니다	
아프다	아파요	아팠어요	아픕니다	아팠습니다	
크다	커요	컸어요	큽니다	컸습니다	

1) 바빠요　　　　　2) 썼어요　　　　　3) 아파요/아팠어요　　　　　4) 끄세요

4.

'ㄹ'탈락	-아요/어요	-았/었어요	-습니다/ㅂ니다	-았/었습니다	-(으)세요
살다	살아요	살았어요	삽니다	살았습니다	사세요
열다	열어요	열었어요	엽니다	열었습니다	여세요
놀다	놀아요	놀았어요	놉니다	놀았습니다	노세요
만들다	만들어요	만들었어요	만듭니다	만들었습니다	만드세요
길다	길어요	길었어요	깁니다	길었습니다	
달다	달아요	달았어요	답니다	달았습니다	

1) 삽니다　　　　　2) 답니다　　　　　3) 놉니다　　　　　4) 여세요

1.

기본형	–습니다/ㅂ니다	–습니까?/ㅂ니까?
보다	봅니다	봅니까?
먹다	먹습니다	먹습니까?
말하다	말합니다	말합니까?
있다	있습니다	있습니까?
없다	없습니다	없습니까?

2. 1) 쉽니다　　　　　　2) 먹습니다　　　　　　3) 말합니다
　　4) 뽀뽀합니다

3. 1) 잡니까, 먹습니다　　2) 말합니까, 쉽니다　　3) 전화합니까, 뽀뽀합니다

4. 1) 있습니까, 소파가 없습니다　　2) 침대가 있습니까, 침대가 없습니다
　　3) 냉장고가 있습니까, 냉장고가 없습니다

1.

기본형	–아/어	–았/었어	–(으)ㄹ 거야
보다	봐	봤어	볼 거야
쉬다	쉬어	쉬었어	쉴 거야
적다	적어	적었어	
듣다	들어	들었어	들을 거야
맵다	매워	매웠어	
피곤하다	피곤해	피곤했어	
의사이다	의사야	의사였어	
회사원이다	회사원이야	회사원이었어	
아니다	아니야	아니었어	
–지 않다	–지 않아	–지 않았어	–지 않을 거야

2. 1) 며칠이야　　　　　　2) 점심 먹었어　　　　　　3) 할 거야

3. 1) 나는 월요일, 수요일에 한국어를 배워
　　2) 나는 주말에도 회사에 가서 일해
　　3) 나는 한국 사람이 아니야
　　4) 나는 저녁에 커피를 마시지 않아
　　5) 나와 내 친구들은 일요일에 공원에 가서 꽃을 구경했어

4. 1) 남자 친구가 없어　　2) 운동회에 갈 거야　　3) 운동을 잘해
　　4) 생략　　　　　　　　5) 생략　　　　　　　　6) 생략

 –아/어 주세요

1.

기본형	–아/어 줘요	–아/어 주었어요	–아/어 주세요
보다	봐 줘요	봐 주었어요	봐 주세요
쓰다	써 줘요	써 주었어요	써 주세요
자르다	잘라 줘요	잘라 주었어요	잘라 주세요
받다	받아 줘요	받아 주었어요	받아 주세요
듣다	들어 줘요	들어 주었어요	들어 주세요
돕다	도와 줘요	도와 주었어요	도와 주세요
만들다	만들어 줘요	만들어 주었어요	만들어 주세요
운전하다	운전해 줘요	운전해 주었어요	운전해 주세요

2. 2) ① 3) ③

3. 1) 사진을 찍어 주세요 2) 책을 읽어 주세요 3) 아이스크림을 사 주세요
4) 떡볶이를 만들어 주세요 5) 휴대전화를 빌려 주세요 6) 문을 닫아 주세요
7) 운전을 가르쳐 주세요 8) 뽀뽀해 줘 9) 설거지해 줘요/주세요
10) 놀아 주세요

4. ① 도와 줬어요 ② 청소해 줬어요 ③ 버려 줬어요
④ 불러 드렸어요 ⑤ 옷을 사 드렸어요 ⑥ 가방을 선물해 줬어요

 –아서/어서 (순차)

1.

기본형	–아서/어서
가다	가서
사다	사서
만나다	만나서
배우다	배워서
일어나다	일어나서
씻다	씻어서
만들다	만들어서
빨래하다	빨래해서

2. 2) ① 3) ②

3. 1) 사서 먹어요 2) 만나서 커피를 마셔요 3) 와서 한국어를 공부해요
4) 가서 부모님을 만나요 5) 요리해서 먹어요

4. 1) 극장에 가서 영화를 봐요 2) 규진 씨가 회사에 가서 일해요 3) 일어나서 이를 닦아요
4) 만들어서 먹어요

1.

기본형	–아서/어서, –(이)라서	–지 않아서, 아니라서
오다	와서	오지 않아서
쓰다	써서	쓰지 않아서
적다	적어서	적지 않아서
듣다	들어서	듣지 않아서
즐겁다	즐거워서	즐겁지 않아서
만들다	만들어서	만들지 않아서
심심하다	심심해서	심심하지 않아서
여자이다	여자라서	여자가 아니라서
일요일이다	일요일이라서	일요일이 아니라서

2. 2) ④ 　　　　　 3) ② 　　　　　 4) ①

3. 1) 걸어서 　　　　 2) 없어서 　　　　 3) 추워서
　　 4) 해서 　　　　　 5) 맛있어서 　　　 6) 피어서
　　 7) 사서 　　　　　 8) 생일이라서

4. ① 멋있어서/착해서/친절해서… 　 ② 라서 　　　 ③ 없어서
　　 ④ 해서/ 해야 해서 　　　 ⑤ 일을 안 해서 　 ⑥ 많아서
　　 ⑦ 매워서 　　　　　 ⑧ 재미있어서

1.

기본형	–아야/어야 해요	–아야/어야 합니다
가르치다	가르쳐야 해요	가르쳐야 합니다
찾다	찾아야 해요	찾아야 합니다
누르다	눌러야 해요	눌러야 합니다
듣다	들어야 해요	들어야 합니다
돕다	도와야 해요	도와야 합니다
만들다	만들어야 해요	만들어야 합니다
준비하다	준비해야 해요	준비해야 합니다

2. 2) ③ 　　　　　 3) ② 　　　　　 4) ④

3. 1) 찾아야 합니다 　　 2) 먹어야 합니다 　　　 3) 빌려야 합니다
　　 4) 공부해야 합니다 　　 5) 쉬어야 합니다 　　　 6) 눌러야 합니다
　　 7) 잘라야 합니다 　　 8) 운동해야 합니다, 걸어야 합니다

4. ① 공부해야 해요 　　 ② 들어야 해요 　　　 ③ 준비해야 해요
　　 ④ 가야 해요 　　　　 ⑤ 찍어야 해요 　　　 ⑥ 먹어야 해요
　　 ⑦ 마셔야 해요 　　　 ⑧ 자야 해요

1.

기본형	안 -아요/어요	안 -았/었어요
자다	안 자요	안 잤어요
보다	안 봐요	안 봤어요
크다	안 커요	안 컸어요
듣다	안 들어요	안 들었어요
길다	안 길어요	안 길었어요
요리하다	요리 안 해요	요리 안 했어요
빨래하다	빨래 안 해요	빨래 안 했어요

2. 1) 텔레비전을 안 봐요　　　2) 우유를 안 마셔요　　　3) 쇼핑 안 해요
4) 일 안 해요

3. 1) 이를 안 닦았어요　　　2) 머리를 안 감았어요　　　3) 목욕 안 했어요
4) 수업이 12시에 안 끝났어요

4. 1) 안 쉽니다　　　2) 안 큽니다　　　3) 안 좋아합니다
4) 안 비쌉니다　　　5) 안 바쁩니다　　　6) 안 피곤합니다
7) 안 찍었습니다　　　8) 안 잡수십니다

1.

기본형	-았/었어요	-았/었습니다
보다	봤어요	봤습니다
쉬다	쉬었어요	쉬었습니다
받다	받았어요	받았습니다
듣다	들었어요	들었습니다
쇼핑하다	쇼핑했어요	쇼핑했습니다
바쁘다	바빴어요	바빴습니다
많다	많았어요	많았습니다
의사이다	의사였어요	의사였습니다
회사원이다	회사원이었어요	회사원이었습니다
아니다	아니었어요	아니었습니다

2. 1) 수영했어요/수영했습니다　　　2) 등산했어요/등산했습니다　　　3) 꽃을 샀어요

3. ① 산책했습니다　　　② 11시에 집을/에서 청소했습니다
③ 12시에 식당에서 친구와/하고 점심을 먹었습니다
④ 1시에 카페에서 커피를 마셨습니다
⑤ 3시에 극장에서 영화를 봤습니다
⑥ 6시에 식사를 준비했습니다
⑦ 9시에 컴퓨터를 했습니다
⑧ 9시 30분에 책을 읽었습니다

4. 생략

1. 1) 팔월 구일에 만나요

    2) 유월 이십오일에 (고향에) 가요

    3) 시월에 (서울에) 오세요

    4) 이천십구 년에 (미국에) 가요

    5) 내년에 (학교에) 가요

    6) 주말에 (백화점에) 가요

    7) 일요일에 (시간이) 있어요

    8) 월요일과 수요일에 바빠요

2. 1) 에 수영장에 가요

    2) 에 한국어 수업이 없어요

    3) 화요일, 목요일에

    4) 월요일에 병원에 가요

    5) 언제/무슨 요일에 친구를 만나요

3. 1) 삼월 십사일에 생일파티해요

    2) 구월 칠일 금요일에 의사를 만나요

    3) 일월 일일 설날에 시댁에 가요

    4) 오월 오일 어린이날에 케이크를 먹어요

    5) 이천십구 년 이월 이십칠일 수요일에 중국에 있어요

1.

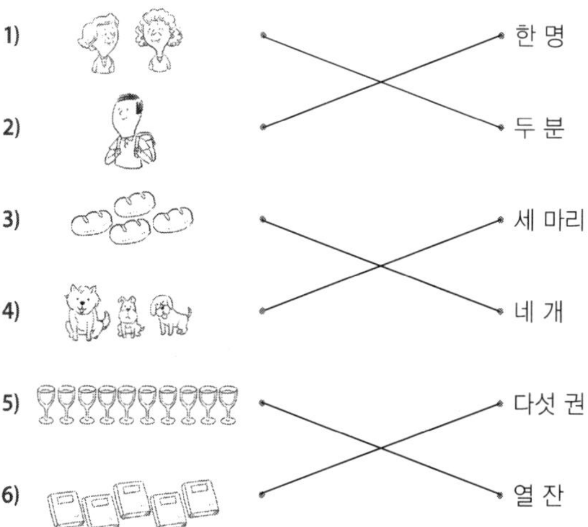

2. 1) 세 병에 삼천팔백 원이에요

    2) 한 권에 만 원이에요

    3) 열두 송이에 팔천 원이에요

3. 1) 세 포기에 육천구백 원이에요

    2) 한 모에 천이백 원이에요

    3) 두 단에 사천오백 원이에요

    4) 일곱 개에 오천 원이에요

    5) 네 마리에 이만삼천 원이에요

4. ① 한 통에 이만 원이에요

    ② 한 개에 천 원, 다섯 개에 사천오백 원이에요

    ③ 한 송이에 이천 원이에요

1. 1) 로안 씨가 어디에 가요, 로안 씨가 슈퍼마켓에 가요

    2) 지우가 어디에 가요, 지우가 학교에 가요

    3) 선생님이 어디에 가요, 선생님이 은행에 가요

    4) 라이언 씨가 어디에 가요, 라이언 씨가 병원에 가요

5) 카즈미 씨가 어디에 가요, 카즈미 씨가 백화점에 가요

2. 1) 에 가요, 규진 씨가 공항에 가요   2) 에 가요, 지수가 집에 가요

3) 에 가요, 선생님이 서울역에 가요

3. ① 시장에 가요   ② 생략   ③ 슈퍼마켓에 가요

④ 생략

22 에게/한테, 께, 에

1.

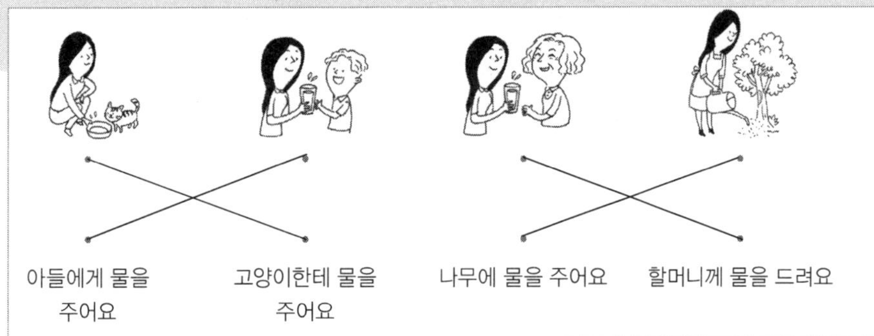

2. 1) 남편한테/에게 시계를 선물할 거예요   2) 어머니께 전화를 걸었어요

3) 친구한테/에게 이메일을 보내요   4) 언니한테/에게 편지를 썼어

3. 1) 지수, 영어를 가르쳐요   2) 어머니께 편지를 써요   3) 개한테/에게 빵을 줘요

4) 할아버지께 선물을 드려요   5) 친구한테/에게 전화를 해요

4. ① 에   ② 에서   ③ 에

④ 하고   ⑤ 에게/한테   ⑥ 하고

⑦ 에   ⑧ 로   ⑨ 로   ⑩ 에게/한테

23 에서

1. 1) 백화점에서   2) 집에서   3) 회사에서

4) 병원에서   5) 은행에서

2. 1) 에서   2) 에   3) 에서

4) 에서   5) 에

3. 1) 집, 집, (집에서) 자요   2) 커피숍에 있어요, 커피숍에서, (커피숍에서) 커피를 마셔요

3) 어디에 있어요, 식당에 있어요, 식당에서, (식당에서) 밥을 먹어요

4) 어디에 있어요, 슈퍼마켓에 있어요, 슈퍼마켓에서, (슈퍼마켓에서) 사과를 사요

5) 생략

4. 1) 방에서 책을 읽어요   2) 부엌에서 과일을 씻어요   3) 학교 앞에서 친구를 만나요

4) 저는 거실에서 텔레비전을 봐요   5) 한국어를 어디에서 배워요

1. 1) 에서, 까지, 에서, 까지   2) 에서, 까지   3) 에서, 까지, 까지

     4) 까지, 에서, 까지, 에서, 까지

2. 1) 집에서 부산까지 (시간이) 얼마나 걸려요, 집에서 부산까지 기차로 두 시간 반 걸려요.

     2) 집에서 고향까지 (시간이) 얼마나 걸려요, 집에서 고향까지 비행기로 세 시간 걸려요.

     3) 집에서 친구 집까지 (시간이) 얼마나 걸려요, 집에서 친구 집까지 걸어서 15분 걸려요.

     4) 집에서 시장까지 (시간이) 얼마나 걸려요, 집에서 시장까지 자전거로 5분 걸려요.

3. ① 에서   ② 까지   ③ 까지   ④ 에서

     ⑤ 까지   ⑥ 까지   ⑦ 에서   ⑧ 까지

4. 생략

25   –(으)니까, –(이)니까

1.

기본형	–니까	기본형	–으니까
피다	피니까	맑다	맑으니까
춥다	추우니까	짧다	짧으니까
길다	기니까	걷다	걸으니까
열다	여니까	맛있다	맛있으니까
시원하다	시원하니까	재미없다	재미없으니까

명사이다	–니까	명사이다	–이니까
아내이다	아내니까	선생님이다	선생님이니까

2. 2) ①   3) ②

3.

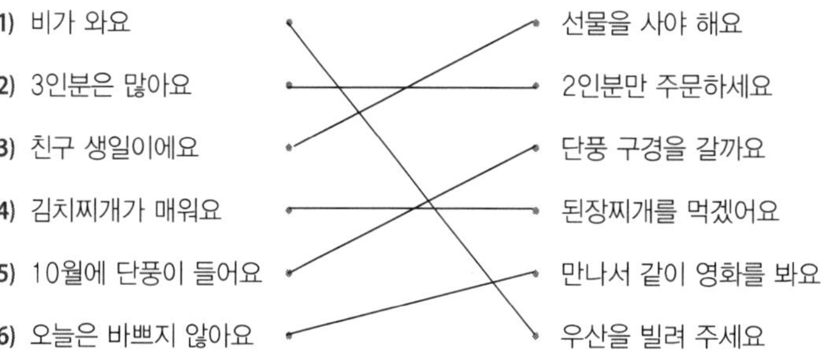

   2) 3인분은 많으니까 2인분만 주문하세요

   3) 친구 생일이니까 선물을 사야 해요

   4) 김치찌개가 매우니까 된장찌개를 먹어야겠어요

   5) 10월에 단풍이 드니까 단풍 구경을 갈까요

   6) 오늘은 바쁘지 않으니까 만나서 영화를 봐요

4. ① 아르바이트하니까   ② 잘하니까   ③ 많으니까

④ 어려우니까　　　　　⑤ 바쁘니까　　　　　⑥ 있으니까

⑦ 니까　　　　　　　　⑧ 머니까

26 –(으)러 가다/오다

1.

기본형	–(으)러 갔어요	–(으)러 가요	–(으)러 갈 거예요
주다	주러 갔어요	주러 가요	주러 갈 거예요
받다	받으러 갔어요	받으러 가요	받으러 갈 거예요
부르다	부르러 갔어요	부르러 가요	부르러 갈 거예요
듣다	들으러 갔어요	들으러 가요	들으러 갈 거예요
돕다	도우러 갔어요	도우러 가요	도우러 갈 거예요
놀다	놀러 갔어요	놀러 가요	놀러 갈 거예요
쇼핑하다	쇼핑하러 갔어요	쇼핑하러 가요	쇼핑하러 갈 거예요

2. 2) ③　　　　　　　　3) ②　　　　　　　　4) ①

3. 1) 가르치러　　　　　2) 자르러 가요　　　　3) 만나러, 와요

　　4) 구경하러 가요　　　5) 생략　　　　　　　6) 생략

4. 1) 주말에 나는 극장에 영화를 보러 갑니다

　　2) 여름에 나는 친구들과 같이 바다에 수영하러 갑니다

　　3) 방학에 저는 서점에 책을 사러 갑니다

　　4) 봄에 우리 가족은 공원에 꽃구경하러 갑니다

27 –(으)려고 하다

1.

기본형	–(으)려고 해요	–(으)려고 했어요
자다	자려고 해요	자려고 했어요
자르다	자르려고 해요	자르려고 했어요
찾다	찾으려고 해요	찾으려고 했어요
듣다	들으려고 해요	들으려고 했어요
돕다	도우려고 해요	도우려고 했어요
만들다	만들려고 해요	만들려고 했어요
공부하다	공부하려고 해요	공부하려고 했어요

2. 1) 사려고 해요　　　　2) 쓰려고 해요　　　　3) 빌리려고 해요

　　4) 초대하려고 해요　　5) 아르바이트하려고 해요

3. ② 수영하려고 해요　　③ 들으려고 해요　　　④ 읽으려고 해요

　　⑤ 찍으려고 해요　　　⑥ 보려고 해요　　　　⑦ 마시려고 해요

4. 1) 영화를 보려고 합니다　　2) 만들려고 합니다/사려고 합니다

　　3) 가려고 했습니다　　　　4) 치려고 했습니다

28 (으)로(수단)

1. 2) ③　　　　　　　　　　3) ②　　　　　　　　　　4) ①

2. 1) 로안 씨가 비행기로 베트남에 갑니다　　　2) 로안 씨 가족이 배로 제주도에 갑니다
　　3) 지우가 고속버스로 할머니 댁에 갑니다　　4) 엄마하고 아이가 자전거로 시장에 갑니다

3. 1) 기차로 (부산에) 가요　　　　2) (백화점에) 지하철로 왔어요
　　3) (동대문시장에) 택시로 갈 거예요　4) 버스로 갈 거예요　　　　5) 가위로 (냉면을) 잘라요
　　6) 칼로 (과일을) 깎아요　　　7) 수건으로 (손을) 닦아요　　　8) 볼펜으로 (이름을) 썼어요
　　9) 젓가락으로 (밥을) 먹어요　　10) 칫솔로 (이를) 닦아요

29 (으)로(방향)

1. 1) 유치원이 어디에 있어요, 왼쪽에 있어요　　　2) 편의점이 어디에 있어요, 앞에 있어요
　　3) 주민센터가 어디에 있어요, 뒤에 있어요　　　4) 미용실이 어디에 있어요, 2층에 있어요
　　5) 병원이 어디에 있어요, 7층에 있어요

2. 1) 위로 올라가세요　　　2) 저쪽으로 계속 가세요　　　3) 안으로 들어가세요
　　4) 왼쪽으로 돌아가세요　　5) 이쪽으로 앉으세요

30 (으)로(선택)

1. 2) 갈비탕으로 할게요　　　3) 갈비탕으로 할게요　　　4) 비빔밥으로 할게요

2. 1) 녹차로　　　　　　　2) 맥주로　　　　　　　3) 자장면으로
　　4) 수박으로　　　　　　5) 치즈케이크로

3. ① 카페라테로 할게요/하겠어요　　② 오렌지주스로 할게요
　　③ 아이스커피로 할게요　　　　④ 뭘 드시겠어요/뭘로 하시겠어요
　　⑤ 아이스크림으로 할게요

31 -(으)면서, -(이)면서

1.

기본형	-(으)면서	기본형	-(으)면서
자다	자면서	싸다	싸면서
읽다	읽으면서	작다	작으면서
걷다	걸으면서	크다	크면서
살다	살면서	길다	길면서
돕다	도우면서	춥다	추우면서
청소하다	청소하면서	친절하다	친절하면서

명사이다	-면서	명사이다	-이면서
주부이다	주부면서	사장님이다	사장님이면서

2. 2) ④   3) ③   4) ②

3. 1) 싸면서   2) 들으면서   3) 드시면서/잡수시면서

  4) 울면서

4. 1) 운전하면서   2) 텔레비전 보면서   3) 이면서

32 −(으)세요, −(이)세요(높임)

1.

기본형	−(으)세요
사다	사세요
배우다	배우세요
만나다	만나세요
공부하다	공부하세요
씻다	씻으세요
살다	사세요
마시다	드세요
먹다	잡수세요, 드세요
있다	있으세요
	계세요
자다	주무세요
할머니이다	할머니세요
선생님이다	선생님이세요

2. 1) 일하세요   2) 오세요   3) 읽으세요

  4) 경찰관이세요   5) 있으세요   6) 계세요.

3. 1) 빵을 드세요/빵을 잡수세요   2) 께서 소파에서 주무세요   3) 께서 책을 읽으세요

  4) 께서 사과를 씻으세요   5) 가 자요

4. ① 이세요   ② 사세요   ③ 댁

  ④ 세요   ⑤ 일하세요   ⑥ 드세요/잡수세요

  ⑦ 가세요   ⑧ 드세요/잡수세요   ⑨ 좋아하세요

  ⑩ 쇼핑하세요

1.

기본형	–(으)세요	–지 마세요
사다	사세요	사지 마세요
쉬다	쉬세요	쉬지 마세요
배우다	배우세요	배우지 마세요
씻다	씻으세요	씻지 마세요
감다	감으세요	감지 마세요
드시다	드세요	드시지 마세요
주무시다	주무세요	주무시지 마세요
샤워하다	샤워하세요	샤워하지 마세요

2. 2) ①　　　　　　　3) ②　　　　　　　4) ④

3. 1) 보세요　　　　　　2) 먹으세요　　　　　3) 공부하세요

　　4) 배우세요　　　　　5) 마시세요　　　　　6) 하세요

　　7) 마시지 마세요　　　8) 하지 마세요　　　　9) 사지 마세요

　　10) 오세요, 오지 마세요

4. 생략

1.

기본형	–(으)ㄴ
싸다	싼
바쁘다	바쁜
유명하다	유명한
좋다	좋은
많다	많은
다르다	다른
적다	적은
멀다	먼
가깝다	가까운
덥다	더운
재미있다	재미있는

2. 1) 깨끗한　　　　　　2) 많은, 적은　　　　3) 뚱뚱한, 날씬한

　　4) 좁은, 넓은　　　　5) 짧은, 긴　　　　　6) 쉬운, 어려운

　　7) 높은, 낮은　　　　8) 맛있는

3. 1) 어제 남편하고 재미있는 영화를 봤어요.　　　　2) 남대문시장에 싼 옷이 많아요.

　　3) 저는 착하고 친절한 남자와 결혼하고 싶어요.　　4) 그분은 먼 나라에서 왔어요.

4. ① 더운　　　　　　　② 예쁜　　　　　　　③ 큰

　　④ 많은　　　　　　　⑤ 맛있는　　　　　　⑥ 싼

1. 1) 를 2) 를 3) 를
4) 을 5) 을 6) 을

2.

기본형	–아요/어요
사다	사요
보다	봐요
마시다	마셔요
읽다	읽어요
씻다	씻어요
만들다	만들어요
일하다	일해요
빨래하다	빨래해요

3. 1) 지우가 아이스크림을 먹어요 2) 규진 씨가 책을 읽어요 3) 지수가 텔레비전을 봐요
4) 카즈미 씨가 커피를 마셔요 5) 로안 씨가 과일을 사요 6) 요리사가 중국 음식을 요리해요

36   –(으)ㄹ 거예요(미래)

1.

기본형	–(으)ㄹ 거예요	–(으)ㄹ 겁니다
자다	잘 거예요	잘 겁니다
끄다	끌 거예요	끌 겁니다
쉬다	쉴 거예요	쉴 겁니다
마시다	마실 거예요	마실 겁니다
입다	입을 거예요	입을 겁니다
걷다	걸을 거예요	걸을 겁니다
살다	살 거예요	살 겁니다
공부하다	공부할 거예요	공부할 겁니다
드리다	드릴 거예요	드릴 겁니다
주무시다	주무실 거예요	주무실 겁니다

2. 1) 운전을 배울 거예요 2) 책을 읽을 거예요 3) 한국 노래를 들을 거예요
4) 불고기를 만들 거예요 5) 편지를 쓸 거예요 6) 우리 집에 올 거예요

3. ① 만날 거예요 ② 커피를 마실 거예요 ③ 수영할 거예요
④ 갈 거예요 ⑤ 놀 거예요 ⑥ 영화를 볼 거예요
⑦ 갈 거예요 ⑧ 살 거예요 ⑨ 식사할 거예요
⑩ 꽃하고 옷을 드릴 거예요/선물할 거예요

4. 생략

1.

기본형	–(으)ㄹ 거예요	–았/었을 거예요
오다	올 거예요	왔을 거예요
씻다	씻을 거예요	씻었을 거예요
듣다	들을 거예요	들었을 거예요
살다	살 거예요	살았을 거예요
모르다	모를 거예요	몰랐을 거예요
일하다	일할 거예요	일했을 거예요
계시다	계실 거예요	계셨을 거예요
예쁘다	예쁠 거예요	예뻤을 거예요
춥다	추울 거예요	추웠을 거예요
있다	있을 거예요	있었을 거예요
없다	없을 거예요	없었을 거예요
요리사이다	요리사일 거예요	요리사였을 거예요

2. 2) ②　　　　　　　　3) ④　　　　　　　　4) ①

3. 1) 비쌀 거예요　　　　2) 여자 친구가 있을 거예요　　　3) 술을 마실 거예요
　　4) 잘 잘 수 있을 거예요

4. 1) 알 거예요　　　　　2) 걸릴 거예요　　　　　　　　3) 많을 거예요
　　4) 결혼했을 거예요

38 –(으)ㄹ 수 있다/없다

1.

기본형	–(으)ㄹ 수 있어요	–(으)ㄹ 수 없어요	–(으)ㄹ 수 있었어요	–(으)ㄹ 수 없었어요
타다	탈 수 있어요	탈 수 없어요	탈 수 있었어요	탈 수 없었어요
쓰다	쓸 수 있어요	쓸 수 없어요	쓸 수 있었어요	쓸 수 없었어요
보다	볼 수 있어요	볼 수 없어요	볼 수 있었어요	볼 수 없었어요
부르다	부를 수 있어요	부를 수 없어요	부를 수 있었어요	부를 수 없었어요
읽다	읽을 수 있어요	읽을 수 없어요	읽을 수 있었어요	읽을 수 없었어요
듣다	들을 수 있어요	들을 수 없어요	들을 수 있었어요	들을 수 없었어요
돕다	도울 수 있어요	도울 수 없어요	도울 수 있었어요	도울 수 없었어요
만들다	만들 수 있어요	만들 수 없어요	만들 수 있었어요	만들 수 없었어요
수영하다	수영할 수 있어요	수영할 수 없어요	수영할 수 있었어요	수영할 수 없었어요

2. 1) 맥주를 마실 수 있어요, 소주는 마실 수 없어요

　　2) 문자를 보낼 수 있어요, 컴퓨터는 할 수 없어요

　　3) 한국말을 할 수 있어요, 한자는 읽을 수 없어요

　　4) 운전할 수 있어요, 자전거는 탈 수 없어요

　　5) 김치볶음밥을 만들 수 있어요, 김치는 담글 수 없어요

3. 1) 한국 노래를 부를 수 있어요　　　2) 일본말을 할 수 있어요　　　3) 걸을 수 없어요

　　4) 자전거로 갈 수 있어요　　　5) 잘 수 없었어요　　　6) 숙제할 수 없었어요

4. 생략

39　–(으)ㄹ게요

1.

기본형	–(으)ㄹ게요	–지 않을게요
자다	잘게요	자지 않을게요
오다	올게요	오지 않을게요
끄다	끌게요	끄지 않을게요
기다리다	기다릴게요	기다리지 않을게요
앉다	앉을게요	앉지 않을게요
닫다	닫을게요	닫지 않을게요
듣다	들을게요	듣지 않을게요
돕다	도울게요	돕지 않을게요
열다	열게요	열지 않을게요
이야기하다	이야기할게요	이야기하지 않을게요

2. 1) 비빔밥을 먹을게요　　　2) 청소할게요　　　3) 가르쳐 줄게

　　4) 하지 않을게요

3. 1) 술 마시지 않을게요, 일찍 들어올게요　　　2) 요리해 줄게요, 설거지해 줄게요

　　3) 요리해 줄게요, 설거지해 줄게요　　　4) 문을 열어 드릴게요, 들어 드릴게요

4. ① 카드를 쓸게요　　　② 노래를 부를게요　　　③ 과일을 준비할게요

　　④ 꽃을 사올게요　　　⑤ 사진을 찍을게요

40　–(으)ㄹ까요?

1.

기본형	ㄹ까요?	기본형	을까요?
사다	살까요?	씻다	씻을까요?
보다	볼까요?	읽다	읽을까요?
마시다	마실까요?	닦다	닦을까요?
쉬다	쉴까요?	찍다	찍을까요?
추다	출까요?	듣다	들을까요?
쇼핑하다	쇼핑할까요?	걷다	걸을까요?

2. 2) ③　　　3) ④　　　4) ②

3. 1) 갈까요　　　2) 만날까요　　　3) 이야기할까요

　　4) 쉴까요　　　5) 산책할까요

4. ① 갈까요　　　② 갈까요　　　③ 갈까요

④ 타고 갈까요   ⑤ 할까요   ⑥ 먹을까요

41 이/가 아닙니다

1. 1) 이 아닙니다   2) 이 아닙니다   3) 일본 사람이 아닙니다
    4) 친구가 아닙니다   5) 간호사가 아닙니다   6) 학생이 아닙니다
    7) 아들이 아닙니다   8) 어머니가 아닙니다
2. 1) 김치가 아닙니다, 라면입니다   2) 볼펜이 아닙니다, 연필입니다
    3) 책이 아닙니다, 돈입니다
3. ① 생략   ② 한국 사람이 아닙니다   ③ 생략

42 이/가 있다/없다, 에 있다/없다

1. 생략
2. 2) ②   3) ①   4) ③
3. 1) 밑=아래   2) 안   3) 옆
    4) 위, 위   5) 앞에 있습니다
    6) 아니요, (거실에) 식탁이 없습니다
    7) 식탁이 부엌에 있습니다   8) 식탁 위에 꽃하고 시계가 있습니다

43 –이에요/예요, 은/는

1. 2) 시계예요   3) 연필이에요   4) 주스예요
    5) 의사예요   6) 아기예요   7) 선생님이에요
    8) 학생이에요
2. 2) 은   3) 는   4) 은
    5) 는
3. 1) 이건 수박이에요   2) 저건 차예요   3) 이건 커피예요
    4) 이분은 어머니예요   5) 저분은 선생님이에요
4. ① 로안이에요   ② 베트남 사람이에요   ③ 수지예요
    ④ 한국 사람이에요

44 –(이)ㄴ데요

1. 2) ①   3) ②
2. 1) 금요일인데요   2) 학굔데요/학교인데요   3) 콜란데요/콜라인데요
    4) 여덟 신데요/여덟 시인데요
3. 1) 아홉 신데요/아홉 시인데요   2) 신촌인데요   3) 만둔데요/만두인데요
    4) 등산인데요   5) 제 휴대폰인데요   6) 요리산데요/요리사인데요

7) 한 개에 천오백 원인데요　　8) 9살인데요　　9) 하노인데요/ 하노이인데요

10) 네 명인데

45　-입니다, -입니까?

1. 1) 입니다　2) 입니다　3) 중국 사람입니다

4) 태국 사람입니다　5) 입니까, 필리핀 사람입니다　6) 입니까, 미국 사람입니다

7) 입니까, 러시아 사람입니다　8) 입니까, 일본 사람입니다

2. 1) 친구입니다　2) 입니까, 꽃입니다　3) 쓰레기통입니다

4) 입니까, 입니다　5) 책입니까, 책입니다　6) 연필입니까, 연필입니다

7) 시계입니까, 시계입니다　8) 책상입니까, 책상입니다　9) 로안입니다

10) 규진 씨입니까, 규진 씨입니다

46　-지 않다

1.

기본형	-지 않아요	-지 않습니다
오다	오지 않아요	오지 않습니다
바쁘다	바쁘지 않아요	바쁘지 않습니다
짧다	짧지 않아요	짧지 않습니다
만들다	만들지 않아요	만들지 않습니다
공부하다	공부하지 않아요	공부하지 않습니다
드시다	드시지 않아요	드시지 않습니다
주무시다	주무시지 않아요	주무시지 않습니다

2. 2) ①　3) ④　4) ②

3. 1) 여기에 살지 않아요　2) 밥을 먹지 않아요　3) 커피를 마시지 않아요

4) 친구가 많지 않아요　5) 딸이 방을 청소하지 않아요　6) 할머니께서 댁에 계시지 않아요

4. 1) 지금 드라마를 보지 않아요　2) 놀지 않아요　3) 바쁘지 않아요

4) 크지 않아요　5) 드시지 않아요

1.

기본형	−지만, −(이)지만
자다	자지만
보다	보지만
좋다	좋지만
감다	감지만
마시다	마시지만
샤워하다	샤워하지만
아빠이다	아빠지만
아들이다	아들이지만

2.

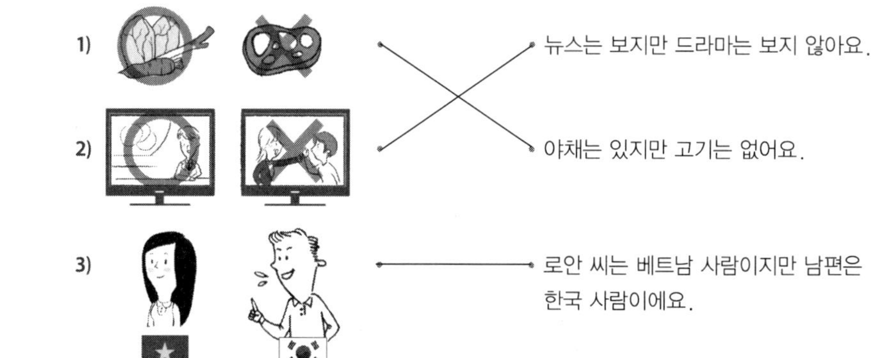

1)

2)

3)

뉴스는 보지만 드라마는 보지 않아요.

야채는 있지만 고기는 없어요.

로안 씨는 베트남 사람이지만 남편은
한국 사람이에요.

3. 1) 시장은 싸지만 백화점은 비싸요

2) 여자 친구는 많지만 남자친구는 없어요

3) 소고기는 먹지만 돼지고기는 먹지 않아요

4) 거실은 크지만 안방은 작아요

5) 남편 옷은 시장에서 사지만 딸 옷은 백화점에서 사요

6) 고기는 좋아하지만 야채는 싫어해요

7) 사과는 1,500원이지만 수박은 11,500원이에요

8) 딸은 머리가 길지만 아들은 머리가 짧아요

48 -지요?, -(이)지요?

1.

기본형	-지요?	기본형	-지요?	기본형	-았/었지요?
보다	보지요?	크다	크지요?	쓰다	썼지요?
받다	받지요?	아프다	아프지요?	씻다	씻었지요?
쓰다	쓰지요?	좋다	좋지요?	듣다	들었지요?
걷다	걷지요?	싱겁다	싱겁지요?	춥다	추웠지요?
돕다	돕지요?	멀다	멀지요?	달다	달았지요?
공부하다	공부했지요?	없다	없지요?	재미있다	재미있었지요?

명사이다	-지요?	명사이다	-이지요?	명사이다	-였/이었지요?
기차이다	기차지요?	지하철이다	지하철이지요?	주말이다	주말이었지요?

2.
1) 이지요
2) 이지요
3) 지요
4) 지요
5) 이지요
6) 지요
7) 이지요
8) 이지요

3.
1) 살지요
2) 가깝지요
3) 듣지요
4) 맵지요
5) 해야 하지요
6) 없지요

4.
1) 작년 1월에 한국에 왔지요
2) 어제가 화요일이었지요
3) 아침에 방을 청소했지요
4) 지난 주말에 극장에서 영화를 봤지요
5) 지난 16일에 기차로 부산에 갔지요